지금, 당장
남북 테마주에
투자하라

지금, 당장
남북 테마주에
투자하라

초판 1쇄 인쇄 | 2018년 7월 24일
초판 1쇄 발행 | 2018년 7월 31일

지은이 | 최기운
펴낸이 | 박영욱
펴낸곳 | 북오션

편   집 | 허현자 · 하진수
마케팅 | 최석진
디자인 | 서정희 · 민영선

주   소 | 서울시 마포구 월드컵로 14길 62
이메일 | bookrose@naver.com
네이버포스트 | m.post.naver.com('북오션' 검색)
전   화 | 편집문의: 02-325-9172   영업문의: 02-322-6709
팩   스 | 02-3143-3964

출판신고번호 | 제313-2007-000197호

ISBN 978-89-6799-383-2 (03320)

이 도서의 국립중앙도서관 출판예정도서목록(CIP)은 서지정보유통지원시스템
홈페이지(http://seoji.nl.go.kr)와 국가자료공동목록시스템
(http://www.nl.go.kr/kolisnet)에서 이용하실 수 있습니다.
(CIP제어번호: CIP2018020693)

지금, 당장 **남북 테마주**에 투자하라

'두근두근
내 생애 최고의
급등주와 우량주를
찾아라 "

BUY 남북 통일

최기운 지음

북오션
콘텐츠그룹

최근 한반도에는 급격한 변화의 거대한 물결이 휘몰아치고 있다. 북한의 핵개발 위협과 미국의 선제타격 가능성 등으로 일촉즉발의 상황까지 갔던 한 반도가 극적인 전환을 맞이하고 있다. 2018년 4월 27일 남북정상이 판문점에 서 역사적인 만남을 가졌고, 6월 12일에는 북미정상회담이 이루어졌다.

전쟁이라도 날 것 같았던 분위기가 마치 영화의 한 장면처럼 드라마틱하게 반전을 맞이하고 있는 것이다. 종전선언과 비핵화 합의, 평화협정 등으로 당 장에 통일이라도 될 듯이 흥분과 열망이 넘친다. 이런 기대감이 증폭되면서 증권시장에서도 다양한 테마주가 형성되고 관련 종목들의 주가가 들썩이고 있다.

하지만 일부 언론이나 투자관련 정보는 테마주라는 이름으로 묶여서 터무 니 없는 사업내용을 억지로 갖다 붙이거나 실적이 형편 없는 기업들까지 들 먹이면서 투기를 조장하고 있다. 그러다 보니 많은 투자자들은 제대로 된 기 업의 사업내용이나 가치도 모르고 단지 테마주라는 이름에 혹해서 '묻지 마' 투자에 나서면서 투기세력의 먹잇감이 되기도 한다.

이에 필자는 투자자들에게 제대로 옥석을 가리는 정보를 제공하기 위해 1차적으로 6개의 관련 사업부문을 나누고 해당 부문의 투자가치가 있거나 뜨 겁게 달아오른 종목들을 가려 뽑아 일정한 기준선을 제시해 보았다.

'북한과 이어지는 철도', '개성공단 재가동', '비무장지대(DMZ)', '북한에 전 력을!(전력설비·송전)', '북한의 노다지 자원개발(송유관·가스관)', '다시 열리는 북한으로의 여행(금강산 관광)' 등 6개의 그룹으로 나누어 종목을 분류했다. 그 외의 분야와 종목들도 있지만 1차적으로 수혜를 볼 수 있는 기반산업과 관련된 종목들을 우선했다. 이후 남북교류가 구체화되어 다양한 사업이 진행되면 2차적으로 파생되는 산업과 종목들도 생겨날 것이다.

중요한 것은 지금의 장밋빛 전망이 당장 한 순간에 모두 '열려라 참깨!' 하듯이 실현되지는 않는다는 점이다. 향후 북한에 대한 본격적이고 지속적 투자가 제대로 실현되기 위해서는 남북을 연계하는 교통 인프라 및 북한 내부 인프라의 대대적 확충이 전제되어야 한다. 또한 남북 교역 및 투자에 장애가 되는 제도적 장벽도 제거되어야 한다. 남북 교역에 대한 무관세 적용, 운송, 통행의 안전과 편의 보장, 금융거래 채널 확보 및 관련 법규의 정비도 따라야 한다. 생각보다 넘어야 할 산도 많고 적지 않은 시간도 필요하다.

이처럼 분명히 우리 증시는 지금 엄청난 호재를 맞이하고 있다. 하지만 테마주라는 이름 하에 무분별하게 몰리는 불나방같은 투자행태는 주의해야 한다. 옥석 가리기를 통한 저점 매수 관점에서 장기적으로 대응하는 현명한 투자 자세도 필요한 시점이다. 북한과의 교류는 우리에게는 새로운 기회의 장이다. 당연히 주식시장에도 엄청난 파급효과가 이미 미치고 있고 향후 더 엄청난 연쇄작용이 일어날 수 있다.

따라서 이 책에서 소개하는 종목들의 장단점에 대한 설명을 이해하고 분석해서 투자에 나선다면 이제 주식시장은 격변의 시대를 맞이해서 투자수익의 열매를 제공하는 훌륭한 기회의 장이 될 것이다.

최기운

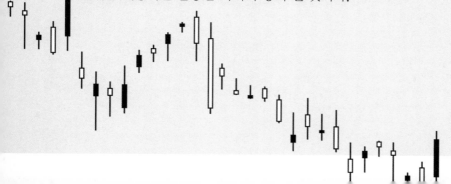

| 목차 |

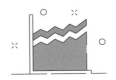

1

북한과
철도·도로가
이어진다.
관련 수혜주는
무엇일까

남북교류 활성화는 주식시장에도 엄청난 기회

　북한의 핵개발 위협과 미국의 선제타격 가능성 등으로 일촉즉발의 위기상황까지 갔던 한반도가 극적인 전환을 맞이하고 있다. 2018년 4월 27일 남북정상이 판문점에서 역사적인 만남을 가졌다. 6월 12일에는 북미정상회담이 이루어지고 종전선언과 비핵화 합의, 평화협정 등으로 남북교류에 대한 기대감이 증폭되면서 증권시장에서도 다양한 테마주가 형성되고 관련 종목들의 주가가 들썩이고 있다.

한반도 신경제지도, 물류·에너지·DMZ벨트로 신성장 동력 확보

　정부는 한반도 평화구축, 북한체제 안정을 보장하는 비핵화, 항구적 평화체제 구축, 한반도 신경제지도 구상, 비정치적 교류사업 추진 등의 5대 기조를 추진하고 있다. 이 중에서 '한반도 신경제지도' 구상은 과거와는 달리 경제통일에 기반한 내용을 담고 있다. 경제통일 구상은 남북관계 개선과 경제협력 활성화를 통해 한국경제의 새로운 동력을 창출하고, 우리의 경제영토를 동북아와 유라시아로 확장한다는 전략이다.

이를 구체화하기 위해 서해안 산업·물류·교통 벨트, 동해권 에너지·자원 벨트, DMZ 환경·관광 등 3대 평화벨트를 구축해서 신성장 동력을 확보하고 북방경제와 연계를 확보하고자 프로젝트를 추진 중이다.

남북한 주요지표 비교(2016년 기준)

구분	세부내용	북한	남한
인구	인구수	24,897천 명	51,246천 명
	인구밀도	202명/㎢	511명/㎢
국민계정	경제성장률	3.9%	2.9%
	국민총소득	36조 원	1,646조 원
	1인당 국민총소득	146만 원	3,212만 원
대외경제	무역총액	65.3억 달러	9,016.2억 달러
	대미환율	108.4원/달러	1,160.5원/달러
	수출액	28억 달러	4,954억 달러
	수입액	37억 달러	4,062억 달러
에너지산업	원유수입량	389만 배럴	107,812만 배럴
	수력발전전력량	128억kWh	66억kWh
	화력발전전력량	111억kWh	3,523억kWh
	수력발전설비용량	4,701MW	6,485MW
	화력발전설비용량	2,960MW	68,788MW
	발전설비용량	7,661MW	105,866MW
	1차 에너지 1인당 공급량	0.40TOE	5.75TOE
	1차 에너지 총공급량	991만TOE	29,465만TOE

구분	세부내용	북한	남한
농수산물 생산량	식량작물 생산량	4,823천M/T	4,707천M/T
	쌀 생산량	2,224천M/T	4,197천M/T
	수산물 어획량	1,009천M/T	3,257천M/T
광물 생산량	철광석 생산량	5,249천M/T	445천M/T
	연 생산량	93천M/T	813천M/T
	아연 생산량	305천M/T	1,009천M/T
	석탄 생산량	31,060천M/T	1,726천M/T
주요공산품 생산량	자동차 생산대수	3.8천 대	4,228.5천 대
	조강 생산량	1,218천M/T	68,576천M/T
	시멘트 생산량	7,077천M/T	56,742천M/T
	화학비료 생산량	604천M/T	2,065천M/T
	화학섬유 생산량	23천M/T	1,368천M/T
사회간접자본	철도총연장	5,226km	3,918km
	도로총연장	26,176km	108,780km
	항만하역능력	4,157만 톤	114,080만 톤
	선박보유톤수	93만G/T	1,304만G/T

* 자료: 통계청, 통일부

남북교류 활성화로 열리는 북한시장, 자원·인프라 관련 사업이 1차 수혜 대상

남북교류의 분위기가 계속 이어지면 어떤 일이 벌어질까?

첫째, 북한과의 민간교류의 활성화이다. 북한이 폐쇄사회에서 개방경제가 된다는 가정이 실현되면 북한과의 민간교류가 가능해진다. 그러면 다양한 민간부문의 교역이나 여행도 가능해지는 것이다.

또한 북한에는 인프라가 필요하다. 현재 북한은 남한과 비교했을 때에 각종 인프라가 턱없이 부족하다. 대북 제재로 글로벌 기업이 진출하지 않았기 때문이다. 남북 화해 분위기가 조성되면 한국의 건설·전기·전력·철도·통신사도 진출을 추진할 수 있게 된다.

북한은 엄청난 자원의 보고이다. 북한 내의 주요 광물의 잠재가치는 약 4천 200조 원에 달한다. 현재 외국기업이 북한광물자원 개발사업에 진출하여 체결한 투자계약은 총 38건인데, 이 중 33건(87%)의 계약상대국이 중국이다. 사실상 북한자원에 대한 개발권을 중국이 독식해 온 셈이다. 여기에 한국이 뛰어들 수 있는 여지가 생긴 것이다.

이처럼 남북을 비롯해서 북미 양국이 한반도 비핵화와 관계 정상화의 길을 밟아나가기로 하는 등 공동성명에 합의하면서 북한과의 경제 협력에 대한 기대감이 커지고 있다. 경제계도 다양한 경제협력 재개를 고려하며 기대감을 드러내고 있다.

건설업계는 정부 주도의 사회간접자본(SOC) 사업이 진행될 경우 적극적 참여가 가능하다는 점에서 위축된 건설 경기가 활기를 되찾을 수 있을 것으로 기대하고 있다. 남북을 연결하는 철도인 경의선(서울~신의주), 동해선(서울~원산), 금강산선(철원~내금강) 등 3개 노선이 열리고 이 외에도 북한 내의 다양한 지역에 철도가 연결되면 철도관련 기업뿐만 아니라 물동량 증가로 관련 사업분야의 특수가 기대된다.

철길과 함께 전력망도 열리게 된다. 북한은 전력사정이 상당히 어려운 상황이다. 북한과의 경제교류에 가장 기반이 되는 전력을 북한으로 송전하거나 북한 내의 전력인프라를 개발해야 하기에 관련 부문은 큰 사업기회를 맞게 된다. 또한 그동안 전면 중단됐던 개성공단이 조기에 정상 가동되면 전에 비해 규모도 훨씬 확대되고 입주기업의 수나 생산량도 비약적으로 증대될 것으로 기대된다. 여기에 DMZ에 평화공원이 조성되고 금강산, 개성 관광 등이 재개되면서 북한으로의 관광이 활성화되면 관련 부지에 부동산을 가지고 있거나 시설을 보유·운영하는 기업들은 호황을 기대할 수 있다.

북한 내수시장 성장으로 소비재·음식료·화장품·관광·문화 등 2차 수혜 가능

북한은 내수시장이 침체되어 있다. 따라서 소비재 기업들도 점진적으로 북한 진출을 통해 새로운 시장을 개척할 수 있다. 특히 북한의 식량자원과 식품 생산량은 수요에 비교하면 절대적으로 부족한 상황이어서 국내 식품기업들이 진출할 수 있는 여지가 많다.

밀가루, 식용유, 햄, 생수, 조미료, 각종 양념류, 라면, 과자 등 기초식품부터 가공식품까지 광범위한 분야에서 수요가 대폭 늘어날 경우 지리적으로 가깝고 음식문화가 비슷한 국내 기업이 다른 나라 기업보다 유리한 고지에 설수 있다. 이는 이미 개성공단의 북한 근로자들이 우리나라의 음식과 '초코파이' 같은 간식을 접하고 좋은 반응을 보였던 데에서도 확인되고 있다.

화장품이나 의류 등도 북한 내 인지도를 바탕으로 현지 진출이 가능하다. 북한에서 직접 생산하는 화장품은 질이 떨어지고 공급도 부족한 것으로 알려졌다. 국내 화장품 브랜드는 이미 중국을 통해 북한에 흘러 들어가면서 북한 여성들 사이에서 고급 브랜드로 인식되며 인기몰이를 하는 것으로 전해졌다.

그 외에 특별한 제조업 기반 없이도 진출이 가능한 유통과 호텔 등 서비스분 야의 진출도 예상되고 있다.

이처럼 남북 긴장 완화와 남북, 북미, 동북아 경제교류를 활성화해서 환태 평양 경제 전반에 활력을 불어넣고 우리 경제에도 성장을 제고할 호기가 될 것으로 기대되고 있다.

남북한 주요지표를 비교해보면 북한의 성장잠재력과 개발 가능한 분야를 알 수 있다. 1차적으로는 기초적인 인프라 관련 사업이 추진되고 이에 기반한 기반산업이 발전하겠지만 궁극적으로는 북한 내의 내수시장이 성장하면서 다양한 소비재, 서비스, 문화 관련산업도 따라서 활성화될 수 있을 것이다.

넘어야 할 산도 많고, 달아오른 주식시장에서 옥석 가리는 투자지혜 필요

앞에서 언급한 이 모든 장밋빛 전망이 당장 한 순간에 모두 '열려라 참깨!' 하듯이 실현되지는 않는다. 향후 북한에 대한 본격적이고 지속적 투자가 제 대로 실현되기 위해서는 남북을 연계하는 교통 인프라 및 북한 내부 인프라 의 대대적 확충이 필요하다. 또한 남북 교역 및 투자에 장애가 되는 제도적 장벽도 제거되어야 한다. 이를 위해 국회 비준이 필요한 '남북경제협력협정' 이 체결되어야 하며, 남북 교역에 대한 무관세 적용, 운송, 통행의 안전과 편 의의 최대한 보장, 금융거래 채널도 확보되어야 한다. 생각보다 넘어야 할 산 도 많고 적지 않은 시간도 필요하다.

그럼에도 불구하고 우리 증권시장은 이런 큰 호재를 맞이해서 2018년부터 불끈 달아오르고 있다. 대표적인 남북 경제협력 관련 테마주는 2018년 들어서 적게는 2~3배, 많게는 5~7배나 올랐다. 하지만 북미정상회담 전후에는 오히려 급등하는 대신에 차익을 실현하는 매물이 나오면서 조정을 받고 있다. 이후 이번 북미정상회담을 계기로 큰 틀의 평화정착이 가시화되면 추가적인 랠리가 가능하다는 분석이 이어지고 있다.

따라서 북한의 비핵화 조치에 따라 단계적으로 대북 제재 해제가 이뤄진다는 점에서 막연한 기대심리에 편승하기보다는 향후 기업 실적이 향상되는 시점에 대한 스케줄 분석이 필요하다. 분명히 우리 증시는 엄청난 호재를 맞이하고 있다. 하지만 테마주라는 이름 하에 무분별하게 몰리는 불나방같은 투자행태는 주의해야 한다. 옥석 가리기를 통한 저점 매수 관점에서 장기적으로 대응하는 현명한 투자자세도 필요한 시점이다.

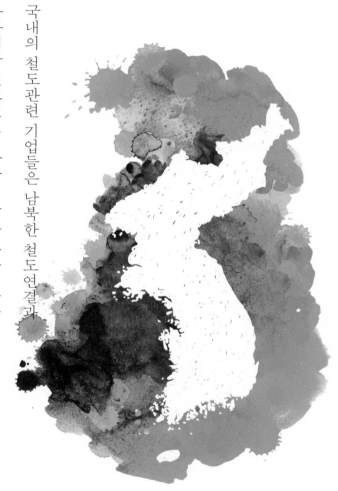

국내의 철도관련 기업들은 남북한 철도연결과 유라시아 철도연결이라는 대규모 프로젝트로 큰 수혜를 볼 것으로 기대되고 있다.

1부 ∘ 북한과 철도·도로가 이어진다.
관련 수혜주는 무엇일까

우리나라는 2015년부터 국제철도협력기구(OSJD) 정회원이 되기 위해 시도했지만 번번이 북한의 반대로 좌절되었다. 이 기구는 폴란드, 러시아, 중국, 북한 등 과거 사회주의 국가였던 동유럽 및 아시아 국가들이 중심이 되어 1956년 창설한 국제기구이다. 그런데 2018년 6월 7일 키르키스탄 수도 비슈케크에서 열린 OSJD 장관회의에서 북한이 남북협력 기류를 타고 찬성표를 던지면서 한국의 정회원 가입 안건이 28개 회원국 만장일치로 의결되었다.

그 결과 국제철도화물운송협약(SMGS), 국제철도여객운송협약(SMPS) 등 유라시아 철도 이용에 관한 협약들을 28개 회원국과 일괄 체결한 것과 같은 효과를 누리게 되었다. 이에 따라 우리 기업들이 유라시아 철도로 화물을 운송할 때 통관 절차나 운임에서 경쟁력을 확보할 수 있게 되었다.

또한 향후 한반도종단철도가 현실화하면 이를 유라시아 철도망에 연결해서 한국 철도망을 대륙 철도의 일부로 포함시켜 운용하는 구상에 한발 다가설 수 있게 되었다. 정부는 남북 고속철도 연결을 전제로 유라시아 대륙철도망을 활용한 물류 전진기지로서의 거점도시 개발과 활용하는 방안을 준비하고 있다. 유럽―아시아―태평양을 잇는 '유라시아 철도'가 연결되면 수송시간 및 비용 절감 등으로 남북 간의 경제협력뿐만 아니라 유라시아 경제협력 확대에 크게 기여하게 될 것으로 기대되고 있다.

남북을 연결하는 철길은 경의선(서울~신의주), 동해선(서울~원산), 금강산선(철원~내금강) 등의 3개 노선이 있다. 이를 개량 보수하는 데 필요한 총 철로연결 사업비용은 최대 37조6천억 원에서 최소 4조3천억 원이 들어가는 것으로 국토연구원은 추정하고 있다.

최소비용은 북한이 인민군과 기타 자재 등을 최대한 동원했을 때를 가정한 것이고 최대비용은 남북한 정부가 아무런 도움을 주지 않은 상태에서 순수 민간의 힘으로 철도를 건설했을 때의 비용이다. 이러한 비용을 들여 남북한을 철도로 연결하게 되면 중국과 러시아를 거쳐 유럽으로 수출하기 위해 굳이 비싼 비행기와 배를 이용하지 않아도 된다. 개성공단을 포함한 부산과 광주 울산 등 한반도 전역에서 1억 톤의 화물이 발생하고 이를 남북연결 철도로 운송할 경우 엄청난 규모의 물류비용 효과를 거둘 수 있을 것으로 기대되고 있다.

그 외에도 국토연구원은 물류뿐만 아니라 중앙아시아 및 시베리아 자원개발과 연계한 패키지사업화로 경제성을 확보하여, 한반도의 유라시아 대륙 거점화에 기여할 것으로 분석하고 있다.

이런 전망 하에 국내의 철도관련 기업들은 남북한 철도연결과 유라시아 철도연결이라는 대규모 프로젝트로 큰 수혜를 볼 것으로 기대되고 있고 관련 종목들의 주가는 이미 상승세를 시작한 상태이다.

01 현대로템

철도차량부문만
연간 1조 원의 수주 예상

회사 개요

- 현대로템은 철도차량 제작, 철도신호 및 통신 등의 철도사업부문, 중기사업부문 및 자동차설비, 제철설비 및 발전설비, 오염방지시설 등의 산업, 환경설비를 제조·판매하는 플랜트사업부문으로 구성되어 있음.
- 철도부문은 국내 유일의 종합철도차량 제작업체로서 KTX 등 철도차량의 제작, 공급뿐만 아니라 시스템 유지보수 사업도 동시에 영위 중이며 서울시 9호선 유지보수를 위한 종속회사 메인트란스의 지분을 80% 확보하였음.
- 제철, 자동차, 환경설비 사업을 영위하고 있는 종합 플랜트 엔지니어링 회사이며, 중기부문은 국내에서 독점적 지위의 전차 생산업체임. 국방전력화와 연계하여 생산 및 납품업무를 수행함.
- 철도부문의 경우 최근 각 지방자치단체와 민간투자자와의 역할분담을 통한 민자사업을 확대해 나가는 추세임.

현대로템은 철도차량 제작, 철도신호 및 통신 등의 철도사업부문을 영위하
는 회사다. 그 외에 방산사업부문 및 자동차설비, 제철설비·발전설비, 오염방
지시설 등의 산업, 환경설비를 제조·판매하는 플랜트사업부문으로 구성되어
있다.

〈그림 1-1〉 현대로템의 주요 사업부문(철도, 방산, 플랜트)　　　　　자료: 현대로템

신한투자금융 등 금융권의 자료에 의하면 향후 북한 핵심 철도사업 개발비는 23조5천억 원으로 추정되고 있으며 그 중 철도차량 발주액은 7조1천억 원으로 예상되고 있다. 이 중 현대로템은 연간 1조 원 가량의 신규수주를 기대할 수 있는 것으로 예측되고 있다. 여기에 시스템 및 유지보수 등까지 합치면 추가로 상당한 규모의 매출신장이 예상된다.

국내시장 점유율 90%의 압도적인 지위로 남북철도 사업의 최대 수혜 가능

국내에는 현대로템 외에도 객차와 화차, 경전철 등을 생산하는 몇 개의 회사가 있으나, 철도차량 시장점유율은 수주금액 기준으로 90% 이상의 점유율 수준을 꾸준히 유지하고 있다. 이 회사에서 철도부문이 차지하는 매출구성은 약 절반에 달하고 있어서 남북 철도 교류가 이루어질 경우 수혜를 받게 되는 폭은 상당할 것으로 분석되고 있다.

또한 세계 철도차량 시장의 경우 유럽의 알스톰, 지멘스 등을 비롯한 상위 10개사가 전체 시장의 75%를 차지하고 있으며, 이 중 중국의 철도차량 기업인 CRRC(구CSR, CNR)가 약 1/3 가량의 점유율을 보이고 있다. 현대로템은 수출 주력 차종인 교외통근형 전동차, 메트로 및 디젤동차 등을 포함하여 약 2~3%의 점유율을 유지하고 있다. 2010년에는 세계 철도차량 시장 점유순위 10위권에 최초로 진입했고 2015년에도 철도차량 매출 기준 세계 10위를 기록했다. 이런 성과로 남북 철도 사업이 진행될 경우 관련 업종에서는 최대 수혜를 누릴 종목으로 예상되고 있다.

플랜트사업부문은 북한 내의 자원개발과 관련된 연계효과로 수혜 볼 수 있어

플랜트사업부문은 구체적으로는 제철설비, 자동차설비, 환경설비 사업을 영위하고 있는 종합 플랜트 엔지니어링 사업을 하고 있다. 제철설비의 경우, 현대제철의 당진공장 정상화 및 1~2기 고로사업에 이어 3기 공사에 대한 제선, 제강, 연주, 압연, 냉연설비 등 일관제철소 풀라인 설비를 성공적으로 수행했다. 이를 통해 국내외 제철설비의 신규투자나 합리화 사업을 지속적으로 확대하고 있다. 또한 축적된 노하우와 기술력을 바탕으로 발전소나 자원개발(철광석, 석탄 등)사업 등의 물류설비 분야로의 사업확대를 지속하고 있다.

이런 점은 단지 철도사업뿐만 아니라 북한의 자원개발과 관련되어서도 수혜를 볼 수 있는 여지가 충분히 있다고 볼 수 있다.

개인들의 집중매수로 인한 급등은 단기적으로 주가 불안 요인

〈그림 1-2〉에서 보는 것처럼 현대로템은 남북정상회담 이전에는 2만 원대 아래에서 주가가 형성되고 있었다. 그러던 것이 회담 이후 거래량이 폭발하면서 주가도 상승해서 한때는 4만 원대를 돌파하기도 하는 등 단기간에 급등하는 것을 알 수 있다. 이런 이유 등으로 이 종목은 5월 16일 기준으로 '투자경고종목'에 지정되었다(특정 종목의 주가가 비정상적으로 급등한 경우 투자자에게 주의를 환기시키고 불공정거래를 사전에 방지하기 위하여 투자경고종목(과거 감리종목 또는 이상급등종목)으로 지정한다).

이 구간에서 외국인의 순매매 동향은 하락세로 돌아서면서 기관과 개인이

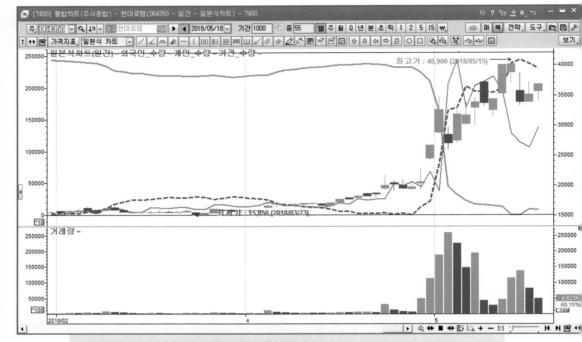

〈그림 1-2〉 2018년 4월 27일 남북정상회담 이후 급등하는 주가
2만 원 아래에서 맴돌던 주가는 회담 이후 거래량 폭증과 함께 폭등하고 있음(5월 16일 기준 투자경고
종목에 지정되어 있음).   자료: 대신증권

물량을 받아서 주가상승을 이끄는 모습을 보였다. 개인이 과도하게 많이 몰
린 점은 단기적으로는 주가에 부담이 된다고 볼 수 있다. 하지만 장기적으로
는 남북교류 활성화로 사회간접자본 투자의 가장 큰 비용이 들어가는 사업분
야의 하나인 철도산업이기에 향후 기대치가 높다. 이런 점으로 볼 때 단기적
인 급등락은 있지만 장기적으로는 수요에 대한 밝은 전망이 주가상승의 견인
요인이 된다고 볼 수 있다.

현재 수익성은 정체지만 향후 전망에 의한 실적 개선 가능성은 충분

〈표 1-1〉 현대로템 주요 재무제표

구분	2015년	2016년	2017년
매출액	33,091	29,848	27,257
영업이익	−1,929	1,062	454
순이익	−3,045	231	−463

* 단위 : 억 원, * 자료: 금융감독원 전자공시시스템(DART)

　　최근 몇 년간 현대로템의 주요 재무제표를 보면 매출액은 정체를 보이고 있고 영업이익과 순이익은 2015년에 큰 폭의 (−)를 기록한 후에 개선되는 점을 보이고 있다. 하지만 영업이익률과 순이익률이 여전히 (−)전후를 맴도는 등 단기적인 실적으로 주가상승을 기대하기는 어려운 점이 있다. 반면 부채비율은 250%에서 187%까지 내려가면서 다소 개선되는 것이 그나마 다행스러운 점이라 할 수 있다.

〈표 1-2〉 현대로템 수익·안정성 관련 재무제표

구분	2015년	2016년	2017년
영업이익률	−5.83	3.56	1.67
순이익률	−9.20	0.78	−1.70
부채비율	250.84	204.88	187.94

* 단위: %, * 자료: 금융감독원 전자공시시스템(DART)

이처럼 현대로템은 최근의 영업실적에 관한 지표가 그다지 우호적이지는 않다. 하지만 향후 남북교류로 인한 철도인프라 확충 때에 거의 독점적인 시장점유율을 앞세워 엄청난 규모의 사업수주로 수혜를 입을 수 있는 기대감과 자원개발 분야에서도 실적을 낼 수 있다는 점은 상당한 장점으로 작용하고 있다.

02

에코마이스터

철도 검수장비 제작에 독보적인 강소기업

- 1982년 8월 설립된 에코마이스터는 금속 제조공정에서 발생하는 슬래그를 재활용하는 환경사업과 철도차량을 유지보수하는 철도 사업을 영위하고 있음.

- 환경사업의 장비부문에서 세계 최초로 개발한 친환경 슬래그 처리 특허 기술인 SAT를 적용한 슬래그 처리설비(SAP)를 제작 및 설치, 운영하여 사업장폐기물 배출자인 금속제조사의 슬래그를 친환경적으로 처리하고 있음.

- 슬래그 처리설비(SAP)를 통해 생산된 PS Ball(슬래그 가공제품)을 폐기물이 아닌 유가물로 제조하여 산업 소재로 판매하고 있음.

- 철도차량 차륜 검사 및 가공을 위한 철도차량 차륜가공기계와 철도차량 계측 및 검수 장비를 공급하고 있으며 국내 유일의 철도차량 차륜가공기계 메이커로서 공작기계 중 고유 영역을 형성하고 있음.

• 매출구성은 CNC 전삭기 등 44.68%, 슬래그처리비 25.81%, PS Ball 18.84%, 환경기타 8.27%, 철도기타 2.3%, SAP 0.09% 등으로 이루어짐.

자료: 금융감독원 전자공시시스템(DART), 와이즈에프엔

에코마이스터는 1982년 8월 설립되어 2018년 3월에 코스닥시장에 상장되어 매매가 개시되었다. 코스닥 새내기인 셈이다. 이 회사는 현 대표이사(오상윤)의 부친이 1976년 시작한 제조업 사업이 모태가 되어 1982년 8월 25일 법인으로 전환했다.

철도차륜 기술 국산화로 97% 시장점유율을 자랑하는 독보적인 기업

에코마이스터는 철도 검수장비를 생산하는 정밀기계장치 기업이다. 기술 집약적인 아이템에 대한 지속적인 독자 기술개발을 통해 철도차량 검수분야에서 각종 열차 검사장치 및 철도 검수설비의 국산화에 성공하여 국내 유일의 철도부분 정밀기계장치 기업으로 자리매김하였다.

지난 1989년부터 철도차량 차륜전삭기와 차륜선반 제작기술의 국산화에 성공하면서 철도사업을 시작했고 30여 년간 국내 철도 차륜전삭기 시장의 97%를 장악하며 1위 업체로 올라섰다. 이런 압도적인 점유율을 바탕으로 다양한 검수분야 설비를 추가로 개발하면서 시장에서 작지만 강한 강소기업으로 군림하고 있다.

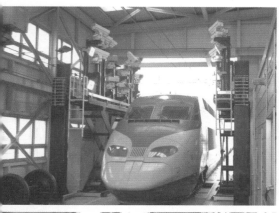

〈그림 1-3〉 에코마이스터 철도차량 검수분야 설비   자료: 에코마이스터

환경사업 및 철도 침목 등에 모래·자갈을 대체해 활용될 수 있는 기술개발

정밀기계 분야에서 쌓은 기술력을 바탕으로 2001년부터는 환경산업을 시작해 세계 최초로 철강·비철금속 제련 시 발생하는 폐기물인 슬래그를 처리

하는 'SAT(Slag Atomizing Technology)' 특허기술을 개발했다. SAT 기술 및 장치에 대한 11건의 해외특허와 다수의 출원특허를 보유하고 있다. 이를 기반으로 한 성장잠재력이 높게 평가된다.

이 회사의 특허기술은 제철소 등 제강·제련과정에서 발생하는 산업폐기물인 슬래그를 유기물로 전환시켜 PS Ball(Precious Slag Ball)로 처리하는 기술이다. SAT는 고온(1,300~1,500℃)의 슬래그를 가스와 공기를 이용해 건식, 급랭방식으로 처리한다. 이때 부산물로 생산되는 PS Ball은 연마재나 건자재, 철도 침목 등에 모래·자갈을 대체해 활용될 수 있다.

이런 성과를 바탕으로 환경사업부문에서 글로벌 비즈니스를 위한 단계별 사업을 추진 중에 있으며, 2013년부터는 인도 현지법인을 설립하여 운영하고 있다. 또한 유럽, 북미, 아프리카 시장의 글로벌 파트너를 통해 해외시장 공략을 하고 있어 장기적 성장기반을 구축하였다. 이를 기반으로 전 세계 산업 부산물 및 폐기물을 유용한 자원으로 탈바꿈시키는 글로벌 환경기업으로 성장하려는 비전을 가지고 있다.

단기적인 주가급등과 실적은 다소 아쉬움, 향후 시장성은 충분한 매력

4~5천 원대를 오가던 주가는 2018년 4월 중순 이후 급등하고 있다. 이 시점에서 외국인과 기관의 순매수는 줄어드는 반면 개인들이 진입하면서 물량을 받아가고 있는 것을 알 수 있다. 이후 한때 1만6천 원대를 찍은 주가는 5월 18일 투자주의종목에 지정되었다(한국거래소 시장감시위원회가 투기적이거나 불

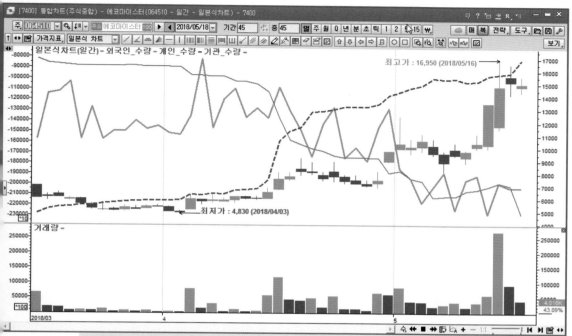

〈그림 1-4〉 단기 급등으로 철도테마주의 상승을 견인한 주가
기관과 외국인의 순매수는 줄어들고 개인이 증가하면서 주가가 급등하여 결국 투자주의종목에 지정됨.

자료: 대신증권

공정거래의 개연성이 있는 종목을 투자주의종목으로 공표하여 일반 투자자들의 뇌동

매매 방지 및 잠재적 불공정거래 행위자에 대한 경각심을 고취하고 있음).

〈표 1-3〉 에코마이스터 주요 재무제표

구분	2015년	2016년	2017년
매출액	367	230	237
영업이익	78	17	24
순이익	78	3	−25

* 단위: 억 원,   * 자료: 금융감독원 전자공시시스템(DART)

　이 회사의 최근 실적은 2015년 이후 정체 내지는 다소 후퇴하고 있는 모습을 보이고 있어서 수익성 면에서는 투자매력이 그다지 높지는 못하다. 반면에 부채비율이 210%대에서 115%대로 줄어들면서 안정성이 개선된 점이 다소 위안거리가 되고 있다.

　하지만 향후 전망은 상당히 밝은 편이다. 2018년 코스닥시장 상장 당시 기술특례 상장을 위한 기술성 및 사업성 전문평가기관 2곳으로부터 모두 A등급을 획득해 높은 기술력 기반의 시장점유율 확대가 예상된다. 게다가 기존 파쇄처리 방식이 슬래그의 팽창 붕괴 및 공정상 발생하는 환경오염요소로 문제가 되자 이 회사의 급냉처리 방식인 SAT가 상당한 주목을 받고 있다. 또한 국내 슬래그 처리 사업장(SAP)은 10년 이상의 장기계약을 통해 안정적인 실적 성장이 기대되는 분야로 전문가들은 분석하고 있다.

　이런 점을 볼 때 이 종목은 현재 실적에 비해 단기적인 주가급등에 따른 추가상승을 기대하기에는 부담이 있지만 장기적으로는 충분한 상승여력을 갖춘 종목이라 할 수 있다.

〈표 1-4〉 에코마이스터 수익·안정성 관련 재무제표

구분	2015년	2016년	2017년
영업이익률	21.17	7.33	10.16
순이익률	21.14	1.19	−10.48
부채비율	212.95	215.32	115.01

* 단위: %, * 자료: 금융감독원 전자공시시스템(DART)

03 푸른기술

역무자동화 관련 핵심장비 생산

회사 개요

- 푸른기술은 무인 자동화 기기 관련 제품을 개발하여 제조 판매함. 메커트로닉스 기술과 인식 기술을 바탕으로 금융자동화, 역무자동화 및 특수단말시스템 분야로 구분됨.

- 역무자동화 분야는 국내의 반송선, 경춘선, 신분당선 및 대구 신교통사업에 관련 제품을 공급 중이거나 공급할 계획임. 향후 수도권 지하철, 광역철도 구간 및 경전철 추가 노선에 관련 제품을 지속적으로 공급함.

- 공급하고 있는 특수단말 시스템의 수요처는 한국마사회와 국민체육진흥공단이며 동사의 고객사인 케이씨티는 한국마사회에 2001년 이후부터 현재까지 해당 시스템을 주로 공급하고 있음.

- 푸른기술의 제품은 승차권 발매기, 자동충전기, 환불기, 자동정산기 및 자동게이트시스템과 상기 장비를 구성하는 핵심장치 등임.

- 매출구성은 지폐방출기 외 45.08%, 게이트시스템 외 38.06%, 기타 10.75%, OMR판독기 외 6.11% 등으로 이루어짐.

자료: 금융감독원 전자공시시스템(DART), 와이즈에프엔

푸른기술은 자동화기기 관련 개발 및 제조업 등을 영위할 목적으로 1997년 7월에 설립되었고 2007년 9월 상장되어 코스닥시장에서 매매가 개시되었다. 이 회사는 금융자동화기기의 현금수표 입출금, 통장정리, 공과금수납 등의 모듈을 공급했다. 지하철 승차권 자동발매기, 교통카드충전기 등의 역무자동화기기 사업도 진행한 바 있다.

주요 사업분야는 금융자동화, 역무자동화, 특수단말시스템

이 회사의 주요 사업부문은 정밀 메카트로닉스 기술과 인식 기술을 바탕으로 한 금융자동화(금융 & VAN), 역무자동화(철도 & 지하철) 및 특수단말시스템(On-Line단말기 & Kiosk) 분야를 기반으로 로봇과 지능형위폐감별계수기, 출입통제시스템 사업 등에서 그 영역을 확대하고 있다.

금융자동화기기란 은행의 무인창구에 설치되어 현금·수표의 입출금, 통장의 정리, 공과금수납 등을 고객이 직접 처리할 수 있는 무인기기와 행원들의 현금관리의 정확성과 운영효율을 높여 주는 유인기기를 통칭하여 말한다.

역무자동화(Automatic Fare Collection)란 철도나 지하철 등 대중교통시스템에 있어서 승차권의 판매와 개표, 집표업무의 자동화를 통하여 수입금을 자동으로 집계하고, 각종 단말장비(자동발권기, 승차권자동발매기, 교통카드충전기 및 자동게이트시스템 등)로부터 발생되는 회계 및 통계자료를 자동으로 관리하는 시스템이다.

특수단말시스템이란 경마장의 창구에서 계원이 고객의 배팅처리 및 당첨금 환급처리를 할 수 있는 마권발매기, 고객이 직접 배팅을 하거나 당첨된 금액을 환급 받을 수 있는 무인발매기, 무인환급기 등이 있으며, 우리가 흔히 접할 수 있는 로또발매기와 스포츠토토발매기 등이 있다.

남북 철도교류, 북한 철도인프라 구축 시 수혜를 보는 역무자동화

남북 철도교류와 북한의 철도인프라 구축사업에서 큰 수혜를 볼 수 있는 분야는 바로 역무자동화이다. 역무자동화 부문은 대중교통시스템의 요금징수를 자동화하는 사업분야로 푸른기술은 승차권 발매기, 자동충전기, 환불

Cash Dispenser
ECDM

Cash Dispenser
VCDM

Cash Dispenser
UCDM

Bill Escrow
ESCROW

Bill Escrow
VBAM

Coin Recycler
PCM

Ticket Processor
TIU / TCU

Ticket Processor
TIM

Gate Door
PFD

Gate Door
SSD

Ticket Vending Machine
TVM

Automatic Control Gate
ACG

〈그림 1-5〉 푸른기술의 역무자동화기기 제품들   자료: 푸른기술

기, 자동정산기 및 자동게이트시스템과 이런 장비를 구성하는 핵심장치 등을 제조 설치하고 있다.

역무자동화 분야는 대규모 투자가 필요한 SOC사업 영역으로, 통상 SI업체들이 참여하며 안정적인 설치와 운용을 위하여 신뢰성이 검증된 업체 및 제품들이 요구되어 진입장벽이 존재한다. 또한 막대한 투자가 필요한 정부주도 사업이다. 어느 나라이거나 인구증가와 경제발전에 따라 사회간접자본 중 하나인 대중교통시스템에 대한 지속적인 수요가 요구되고 있기 때문에 계속적인 시장은 존재한다. 남북 철도교류, 북한 철도인프라 사업이 시작되면 바로 이런 점에서 엄청난 규모의 사업수주를 예상할 수 있다.

국내시장 수주실적과 해외시장 개척에도 힘을 써서 글로벌 판매망을 구축

이 회사는 코레일(철도공사), 고속철도, 광주도시철도, 대구지하철, 대전지하철, 서울메트로, 인천지하철, 김해경전철, 의정부경전철, 신분당선, 신분당선2기, 우이신설경전철, 동해남부선, 성남여주선, 인천지하철 2호선 및 동해남부선 등 국내 주요노선에 제품을 공급한 실적이 있다. 최근에는 코레일(철도공사)구간, 소사−원시선 및 김포도시철도 등에 관련 제품을 공급 중에 있고 코레일 수인선, 서울지하철 5호선 연장 하남선 및 대구 광역철도 등 기타 국내 추가사업에 관련 제품을 지속적으로 공급할 예정이다.

이 외에 해외시장에도 적극적으로 진출하고 있다. 중국의 경우 베이징과 광저우를 비롯해서 텐진, 선양, 심천 등의 지역에 제품을 공급한 실적이 있고 중국전역으로 활발히 영업활동을 전개하고 있다. 그 외에 인도의 델리, 뱅갈로, 자이푸르에도 관련 제품 및 시스템을 공급한 실적이 있고 말레이시아 등 동남아시아에도 진출하면서 수출지역을 넓혀가고 있다.

수익성과 안정성, 기관·외국인의 안정 매수세로 주가지지선 유지 가능

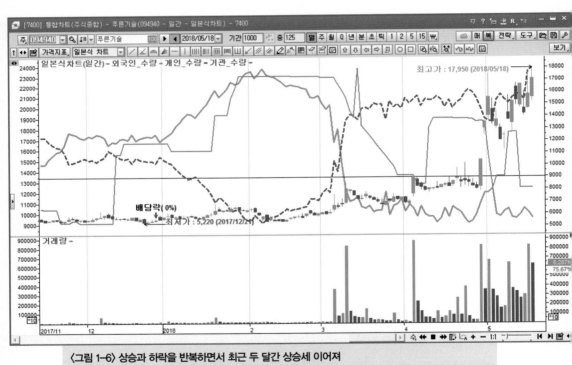

〈그림 1-6〉 상승과 하락을 반복하면서 최근 두 달간 상승세 이어져
상승과 하락을 반복하면서 주가가 지속적으로 고점을 높여가고 있음.　　　　자료: 대신증권

이 종목도 남북교류 수혜주로 구분되면서 최근 들어서 주가가 급등하고 있는 철도 관련 테마주의 하나이다. 다른 테마주와 마찬가지로 개인투자자들의 비중이 늘면서 급등했지만 기관이 순매수 비율을 꾸준히 유지하면서 주가하락의 버팀목을 하고 있다. 게다가 외국인의 비율도 일정부분 하락한 후에는 어느 정도 수준을 유지하고 있기에 다른 종목들에 비하면 급락에 대한 우려는 다소 적은 셈이다.

〈표 1-5〉 푸른기술 주요 재무제표

구분	2015년	2016년	2017년
매출액	145	190	215
영업이익	-16	2	8
순이익	-11	4	9

* 단위: 억 원,   * 자료: 금융감독원 전자공시시스템(DART)

또한 이 회사는 최근 매출액과 이익이 꾸준히 증가하면서 영업이익률과 순이익률도 증가세를 이어가고 있는 양상이다. 부채비율은 30%대에 불과해서 안정성 면에서도 매우 건실한 토대를 형성하고 있다. 이런 점에서 볼 때 이 종목은 다른 종목들의 가격거품이 제거되는 시점에서는 상대적으로 주가조정 비율이 낮아서 진가를 발휘할 것으로 분석되고 있다.

〈표 1-6〉 푸른기술 수익·안정성 관련 재무제표

구분	2015년	2016년	2017년
영업이익률	-10.78	1.28	3.59
순이익률	-7.48	2.28	3.96
부채비율	38.91	32.09	31.42

* 단위: %,   * 자료: 금융감독원 전자공시시스템(DART)

04 대호에이엘

철도차량 제작에 필요한 알루미늄 소재 개발

회사 개요

- 2002년 10월 인적 분할로 신설되었으며 알루미늄 소재를 만드는 회사로서 알루미늄 코일, 알루미늄 환절판 등을 주 영업목적으로 영위하고 있음.
- 사업부문은 알루미늄 코일(Coil), 판재(Sheet) 및 고품질 환절판(Circle Sheet)을 전문 생산하는 알루미늄 부문과 철도시설(TSC) 및 철도차량 관련 소재 임가공 등을 영위하는 철강제조 부문이 있음.
- 알루미늄 압연업은 대규모 자본을 필요로 하는 장치산업으로 두께의 균일성 유지를 위해 기술의 축적과 경험이 필요하여 진입장벽이 매우 높음.
- 동사는 철도차량분야의 객차부분에서 축적된 기술과 다양한 경험을 바탕으로 경쟁력 있는 생산능력을 보유하고 있어 향후 국내 고속전철, 경전철, 지하철 외 해외 고속전철에도 더욱더 판로를 확대해 나갈 계획임.
- 매출구성은 알루미늄 코일 57.92%, 알루미늄 서클 40.29%, 철도차량 1.79% 등으로 이루어짐.

자료: 금융감독원 전자공시시스템(DART), 와이즈에프엔

2002년 10월에 인적 분할로 신설된 대호에이엘은 알루미늄 소재를 만드는 회사로써 알루미늄 코일, 알루미늄 환절판 등을 주영업 목적으로 설립되었으며, 2002년 11월에 유가증권시장에 상장되었다. 알루미늄 코일, 판재 및 고품질 환절판을 전문적으로 생산하고 있다.

알루미늄 관련 소재 생산에 특화된 전문 기업

과거 전량 수입에 의존하던 고급 알루미늄 판재류를 대부분 국산으로 대체하였고 고가판재류 시장에서 높은 시장점유율을 차지하고 있다. 또한 판재공장은 연간 7만여 톤에 달하는 압연 생산능력과 연간 2만4천 톤의 주방기물용 고급 환절판 생산능력을 확보하고 있다. 특히, 다품종 소량생산의 주방기물용 환절판을 전문적으로 생산하는 공장은 세계적으로 많지 않아 경쟁우위 요소가 있다. 이 회사는 차별화된 고품질과 높은 기술력으로 생산하는 제품의 약 30% 이상을 해외로 수출하고 있다.

알루미늄은 뛰어난 가공성과 내식성 그리고 100% 재활용되는 환경친화성 등 특수한 성질로 주방기물시장 외에도 전자제품, 컴퓨터, 전열기구, 건축내외장재 등을 비롯한 첨단 우주항공산업까지 그 수요가 무한한 시장이다. 또한 가벼운 점을 이용하여 항공기, 자동차, 선박, 철도에 사용되고 전기의 양도체인 점을 이용하여 송전선 등에도 사용된다.

남북 철도교류 사업으로 시장 전망 밝은 철도차량 등에 소재 납품

철도시장은 철도 차량(Train) 및 철도 시설(Infra-structure and Systems)에 대한 모든 거래를 포괄하는 개념이다. 이에 따라 철도산업은 철도의 트랙, 노반, 역, 차량 등을 연관하여 체계화하는 시스템을 포괄하는 산업으로써 철도와 관련된 모든 연구개발, 제조, 판매 등을 포함하고 있다. 또한 철도산업은 사회간접자본(SOC)의 성격이 강해서 국가기간 산업으로 이루어지며 철도건설과 관련된 건설, 신호통신, 철강, 차량 등의 대단위 투자가 요구되는 산업 분야이다.

철도차량산업은 국가와 지방자치단체의 국토효율성 가치증대를 위한 전철 및 지하철 건설공사에 큰 영향을 받으며 특히 부양정책으로 인한 고속철도의 건설추진 및 각 지방자치단체의 경전철 사업화와 해외시장의 저탄소 녹색성장을 주도할 신성장 동력으로 부각되고 있다. 북한과의 철도교류 사업이 본격화되면 이런 점이 탄력을 받아 관련사업을 영위하는 회사들이 큰 수혜를 받을 곳으로 분석되고 있다.

그 중에서 이 회사는 열차 등에 사용되는 알루미늄을 생산납품하고 있다. 알루미늄 가공산업의 특성은 산업연관 효과가 높은 소재산업으로서, 원자재 가격비율이 높고 가격변동이 심하며, 계절성이 큰 산업이면서 경기변동에 민감하다. 특히 알루미늄 판재는 전기, 전자, 기계, 자동차, 항공기, 조선, 포장재 등 각종 산업의 기초소재로 광범위하게 사용되고 있어 수요 산업의 경기 동향에 따라 매출이 영향을 받게 된다.

알루미늄 압연업은 대규모 자본을 필요로 하는 장치산업으로 두께의 균일성 유지를 위해 기술의 축적과 경험이 필요하여 진입장벽이 매우 높다. 또한

〈그림 1-7〉 대호에이엘의 철도관련 사업분야　　　　　　　　　자료: 대호에이엘

알루미늄 압연업은 대단위 시설을 소유한 소수기업이 과점체제를 유지하고 있다. 대호에이엘은 철도차량분야의 객차부분에서 축적된 기술과 다양한 경험에 의한 경쟁력 있는 개발·생산능력을 보유하고 있다. 따라서 향후 국내 고속전철, 경전철, 지하철 외에 해외 고속전철에도 더욱더 판로를 확대해 나갈 계획이다. 이런 점은 향후 남북 철도사업 활성화 시점에서 큰 강점으로 부각되면서 각광을 받을 것으로 예상된다.

수익성·안정성 뒷받침 없는 단기과열 급등으로 투자경고 상태

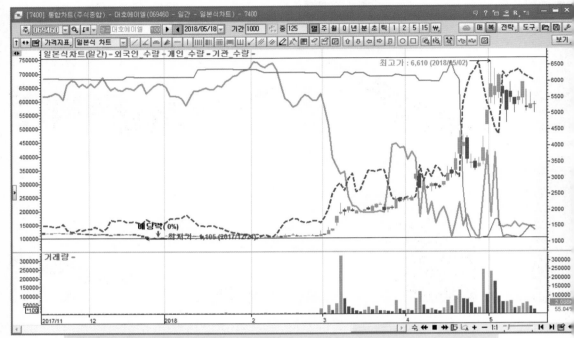

〈그림 1-8〉 경고종목 지정까지 부른 단기간의 주가 폭등
1천 원대를 유지하던 주가는 불과 3달 만에 6천 원대를 돌파하면서 경고종목으로 지정 받음.

자료: 대신증권

　　이 종목은 거래량도 거의 없고 주가움직임도 미미한 상태로 1천 원대의 가격을 유지하고 있었다. 그러던 것이 2018년 3월부터 슬금슬금 상승하는가 싶더니 급등하기 시작해서 3개월도 채 되기 전에 6천 원대를 찍으면서 5배 이상 상승했다. 그 결과 한국거래소는 5월 8일 이 종목을 투자경고종목으로 지정하면서 투자자들에게 주의를 요하고 있다.

〈표 1-7〉 대호에이엘 주요 재무제표

구분	2015년	2016년	2017년
매출액	1,216	1,176	1,263
영업이익	26	−1	17
순이익	−10	−22	49

* 단위: 억 원, * 자료: 금융감독원 전자공시시스템(DART)

이 종목은 최근 실적 면에서는 큰 매력이 없이 현상유지를 하는 정도였고 부채율도 250%대를 넘나드는 상황이었다. 그러던 것이 남북교류 철도테마주로 묶이면서 엄청나게 뜨겁게 달아올랐다. 향후 전망은 밝지만 상당부분은 가격거품이 끼인 것을 알 수 있다. 테마주 열기가 주춤하게 되는 시점에서는 심한 조정을 겪을 여지가 있는 종목이므로 현재로서는 투자에 유의하고 조정 후에 향후 전망을 보고 투자여부를 판단해야 할 것으로 보인다.

〈표 1-8〉 대호에이엘 수익·안정성 관련 재무제표

구분	2015년	2016년	2017년
영업이익률	2.12	−0.08	1.37
순이익률	−0.80	−1.88	3.86
부채비율	274.74	291.45	227.88

* 단위: %, * 자료: 금융감독원 전자공시시스템(DART)

05 리노스
교통기반시설(철도·지하철) 무선통신시스템 기술

회사 개요

- 리노스는 고감도 캐주얼백 브랜드 키플링, 이스트팩의 국내 유통 및 라이선스 사업을 전개하는 FnB(Fashion&Brand) 사업부문과 정보통신기술을 공급하는 IT사업부문을 영위하고 있음.
- 2003년 키플링, 2009년 이스트팩 영업을 시작하여 2017년 말 기준 백화점(75개), 아울렛(18개), 면세점(17개), 직영대리점(4개), 온라인(3개) 등 총 113개의 매장을 운영 중에 있음.
- IT사업부문은 무선통신 제반 기술을 바탕으로 경찰, 소방방재청 등의 공공기관에 최적의 디지털 무선통신시스템 구축에서부터 관리까지 토탈 무선통신솔루션을 제공, 효율적이고 안정적으로 운영함.
- 동사는 디지털 무선통신솔루션 사업수행을 위해 Motorola가 생산하는 하드웨어 장치의 공식 Distributor의 자격으로 도입 중임.
- 매출구성은 FnB사업부문 63.46%, IT사업부문 24.87%, 화장품 11.61%, 기타 0.07% 등으로 이루어짐.

자료: 금융감독원 전자공시시스템(DART), 와이즈에프엔

리노스는 1991년 2월 컴퓨터 하드웨어 제조 및 판매를 목적으로 설립되었으며 2002년 8월 코스닥시장에 상장되었다. 키플링, 이스트팩 패션브랜드의 FnB사업부문과 디지털TRS솔루션 등을 주축으로 하는 국가재난통신망 분야와 열차무선 통신분야의 IT사업부문을 주요 사업으로 하고 있다.

이 회사는 IT사업부문에서 철도 무선통신구축사업도 하고 있어서 철도 관련주가 되었다. 주요 매출은 FnB사업부문이 63%이고 IT사업부문은 약 25%이다.

남북교류 철도관련 테마주로 묶였지만 회사의 주된 매출은 FnB 사업부문

2003년 키플링, 2009년 이스트팩 영업을 시작하여 2017년 말 기준 백화점(75개), 아울렛(18개), 면세점(17개), 온라인(3개) 등 총 113개의 매장을 운영 중에 있다. 2003년 108억 원의 매출액을 시작으로 2017년에는 644억 원의 매출을 기록하는 등 높은 성장률을 기록하고 있으며, SMU(Special Make Up: 특별주문 제작─디자인을 개발하여 제조기업에 요구) 등 한국 내 특화된 마케팅전략을 통하여 지속적인 매출 및 수익성 신장에 기여하고 있다.

또한 이스트팩은 해마다 해외 유명 디자이너들과의 콜라보레이션(협업)을 통하여 특화된 제품을 고객들에게 선보이고 있으며, 2017년에는 국내 유명 브랜드인 스티키몬스터랩과 손잡고 한정판 백팩을 선보여 큰 호응을 얻기도 하였다. 2018년 3월에는 토종 명품 가방으로 유명세를 탄 힐리앤서스 인수에 나서기도 했다.

이 회사는 사드 여파로 중국인 관광객 감소 및 잡화시장 경쟁심화라는 악재에도 패션부문의 활약으로 2017년에 매출액 1천억 원을 넘기고 영업이익도 38억 원을 기록했다.

정부공공기관과 교통기반시설(철도·지하철)에 디지털 무선통신시스템 기술제공

이 회사의 IT사업부문은 무선통신 제반 기술을 바탕으로 경찰, 소방방재청 등의 공공기관에 최적의 디지털 무선통신시스템 구축에서부터 관리까지 토탈 무선통신솔루션을 제공하고 있다. 경찰청, 소방방재청 등의 공공기관 무선통신솔루션 기술력을 토대로 공공시장 및 공공안전부문에서 독보적인 기술력을 확보하고 있다. 2012년부터 SI사업을 추가하면서 2012년 '경찰청112 시스템 전국표준화 및 통합구축' 프로젝트를 성공적으로 수행하였고 2015년 11월 '앙골라 치안시스템 고도화 사업'과 2016년 1월 '긴급 신고전화 통합체계 구축사업'을 잇따라 수주하며 토탈 IT서비스 전문기업으로 성장하고 있다.

서울·경기 및 5대 광역시지방경찰청(대전·대구·광주·부산·울산) 및 고속도로 순찰대의 무선통신망을 구축, 운영하고 있으며 이와 함께 국민안전처의 국가재난안전통신망 시범사업이 착수됨에 따라 해당사업 구축을 하고 있다. 또한 공공부문 무선통신솔루션 분야에서 다수의 시스템 구축경험을 갖춘 국내 최고의 무선통신솔루션 전문 업체로서 부가가치(112 순찰차 신속배치시스템, 지하철 대체지령시스템 특허 등)를 창출하여 공공부문의 무선통신 환경에 적합한 솔루션을 제공하고 있다.

콜백시스템
- 음성·영상전화에 대한 콜백 (자동·수동)

IP-PBX시스템
- 음성·영상전화 호처리
- 음성·영상 녹취
- 음석인식·분석

무선지령시스템
- TRS 지령시스템
- VHF 지령시스템
- 무선지령 콘솔
- 무선통신 녹취

접수지령시스템
- 긴급신고 접수·지령·종결
- 지도기반 신고자 위치 표시
- 지도기반 차량 위치 표시
- 관리프로그램(통계)

통합관제 솔루션

GIS시스템
- GIS 엔진
- 전자지도
- 레이어·POI 가공

차량관제시스템
- 차량용 단말기
- 차량용 모뎀
- 지도기반 AVL

푸시시스템
- 이벤트 송수신
- 메시지 송수신
- 모바일 푸시

〈그림 1-9〉 리노스의 철도관련 사업부분(통합관제솔루션)　　　　　　자료: 리노스

이 회사의 주요 고객은 정부공공기관(국가재난안전통신망 및 소방방재청, 경찰청 등 기타 정부기관), 교통기반시설(철도, 지하철 등) 등이 주를 이루고 있다. 또한 경찰, 철도 무선통신뿐만 아니라 공공 SI 사업에서도 그 역량을 점차 확대해 나가고 있다. 이런 이유로 이 종목이 향후 북한의 철도나 지하철 등의

교통기반시설 사업에 무선통신시스템 공급을 할 수 있을 것으로 기대되어 철도관련 테마주에 묶여서 주가가 상승한 것이다.

사업부문 각자대표 선임으로 IT부문 성장동력에 탄력 받아

2017년 7월 KTB 프라이빗에쿼티(PE)는 리노스 보유지분 전량인 30.46%를 반도체·센서 전문기업 오디텍과 벤처캐피탈(VC) 티에스인베스트먼트에 넘겼

〈그림 1-10〉 남북 철도사업 테마주로 묶여서 상승한 주가
2천 5백 원대를 넘나들던 주가가 등락을 반복하면서 꾸준히 고점을 높여간 후에 소강상태를 보이고 있음.
자료: 대신증권

다. 이후 2018년부터 김웅 티에스인베스트먼트 대표와 박병근 오디텍 대표가 리노스의 각자대표를 맡아 패션부문과 IT부문을 각각 담당하고 있다. 김 대표는 2008년 설립된 벤처캐피털 티에스인베스트먼트의 대표이사로 15년 이상의 투자경력을 가지고 있고 특히 유통분야에 투자경험이 많다. 박 대표는 반도체·센서 전문기업 오디텍의 대표이사로 20년 이상의 IT 관련 경력을 가진 전문가이다. 두 명의 각자대표가 업계에서 쌓은 풍부한 실무 경험과 전문성으로 리노스의 사업부문에 시너지를 낼 것으로 기대되고 있다.

2018년 초에 2천500원대를 넘나들던 주가는 이후 등락을 반복하면서 꾸준히 고점을 높여간 후에 소강상태를 보이고 있다. 다른 종목들에 비해 단기적인 상승세는 그다지 크지 않고 이후 4천 원대의 고점을 찍고는 소강상태를 보이고 있다.

이 회사의 실적은 매출은 꾸준히 상승하고 있지만 이익률은 오히려 줄어드는 모습을 보이고 있고 부채비율은 원래도 높지 않은 50%전후에서 32%로 더욱 낮아지면서 안정적이다.

하지만 앞에서도 설명한 것처럼 패션사업부문의 매출이 63%에 달하고 있고 IT부문은 약 25%이다. 그리고 철도관련 부문은 IT부문 내에서도 일부에

〈표 1-9〉 리노스 주요 재무제표

구분	2015년	2016년	2017년
매출액	939	1,003	1,015
영업이익	71	41	38
순이익	160	28	50

* 단위: 억 원,   * 자료: 금융감독원 전자공시시스템(DART)

지나지 않고 있다. 따라서 어떤 면에서 보면 현재로서는 남북 철도교류 관련 수혜주라는 점에서는 다소 파급력이 적은 셈이다.

　전체 회사 실적에서 기대되는 철도관련 사업분야의 매출비중이 상당히 낮다는 점은 거품이 걷어질 경우 향후 주가상승에 걸림돌이 될 여지가 크다고 볼 수 있다. 따라서 이 종목에 대한 중단기적인 투자는 다소 신중한 판단이 필요하다.

〈표 1-10〉 리노스 수익·안정성 관련 재무제표

구분	2015년	2016년	2017년
영업이익률	7.60	4.10	3.78
순이익률	17.03	2.82	4.90
부채비율	46.96	52.19	32.20

* 단위: %,　* 자료: 금융감독원 전자공시시스템(DART)

06

특수건설

철도 및 도로지하횡단 구조물 시공분야 전문

회사 개요

- 1971년 설립되어 1997년 코스닥시장에 주식을 상장한 국내외 토목업을 전문으로 하는 건설업체임.
- 철도 및 도로 지하횡단구조물 비개착 시공, 대구경 교량기초시공, 쉴드터널 시공과 산업플랜트 제작 등을 하고 있음.
- 프론트잭킹공법, BG공법, 터널관련 쉴드공법 등 다양한 공법과 시공기술을 통해 도로지하횡단구조물 비개착 시공, 대구경 대심도 교량기초시공 등 세계 최고 성능을 자랑하는 첨단공법을 사용하여 시공하였음.
- 서해대교, 광안대교, 인천대교, 고속철도 및 싱가포르 고속도로지하구간·지하철 등을 시공하였고, 평창동계올림픽 개최를 위해 수도권과 강원도 동해안권을 연결하는 원주–강릉 복선전철사업과 연계하여 철도터널을 시공했음.
- 매출구성은 건설 92.65%, 제품 7.09%, 임대 0.25% 등으로 이루어짐.

자료: 금융감독원 전자공시시스템(DART), 와이즈에프엔

특수건설은 1971년 5월에 설립되었으며 1997년 8월에 코스닥시장에 상장되었다. 철도 및 도로 지하횡단구조물 비개착시공, 대구경 교량기초시공, 쉴드터널, 터널 및 일반토목 시공과 산업플랜트 제작 등을 하고 있다.

철도·도로 지하의 특수한 건설을 전문으로 하는 특수건설

이 회사는 건설부문에서는 프론트잭킹공법을 사용하여 철도 및 도로지하횡단구조물 비개착 시공을 통한 새로운 통로와 공간을 창조하고 있다. 또한 BG공법을 사용한 대구경 대심도 교량기초시공에서 세계 최고의 성능을 자랑하는 첨단 시공장비를 사용하여 서해대교, 광안대교, 인천대교, 고속철도 및 싱가포르 고속도로 지하구간 및 지하철 등을 시공하였다. 터널관련 쉴드공법과 독일에서 도입한 최신의 장비와 최고의 기술력으로 서초전력구, 한강하저터널 등을 시공하기도 하였다.

중공업부문에서는 최고의 설비를 도입하여 자동차공장의 도장라인 제작과 포스코 등의 산업플랜트제작 등을 통한 수익창출을 하고 있다.

이처럼 이 회사는 창사 이래 고난도 지하 기간시설 시공분야에서 차별화된 공법과 기술력으로 시공실적을 확보하며 지속적인 성장을 거듭해온 대한민국의 대표적인 기초토목 시공 전문기업이다.

1997년 전문건설회사 최초로 코스닥에 등록한 특수건설은 철도 및 도로지하횡단구조물 비개착 시공, 대구경 교량기초시공, 쉴드터널 시공과 산업플랜트 제작에 이르기까지 국가기간 인프라건설분야에서 활약해 오고 있으며 자본적 안정성과 기술력을 바탕으로 경쟁우위를 점함은 물론 효과적으로 사업

영역을 확대하고 있다.

　철도 및 도로지하횡단 구조물 시공분야인 프론트잭킹 공법은 설계-견적-시공-유지관리 등 One stop service를 고객에게 제공하여 품질과 경제성에서 최고의 능력을 인정받고 있다. 장비의 첨단화가 시공능력의 극대화라는 이념 아래 독일의 BAUER사에서 초대구경 대심도 굴삭기인 BG장비를 도입하여 서해대교, 광안대교, 인천대교, 제2외곽순환도로 등의 고난이도 교량기초를 시공하였고 이후 독일 HERRENKNECHT사에서 쉴드장비를 지속적으로 도입하여 한강하저터널 및 세계 최초로 S-Curve구간인 서초전력구를 성공적으로 시공해서 시공영역의 한계를 극복하는 등의 성과를 거뒀다.

평창올림픽, 동해안권 그리고 남북연결 철도·도로에서 꼭 필요한 기술력

　특수건설은 평창동계올림픽 개최를 위한 수송시간 단축 및 국가물류비용 절감 및 지역균형 개발촉진을 위하여 수도권과 강원도 동해안권을 연결하는 원주-강릉 복선전철사업과 연계하여 철도터널을 시공하기도 하였다.

경부선 부곡~수원 간 서호 지하차도

석봉 가도교 지하차도

삼막곡~연수원 간 지하차도

대전역 철도횡단 지하차도

〈그림 1-11〉 특수건설의 철도·도로입체화 사업   자료: 특수건설

　또한 중공업 공장을 설립하여 시공에서 시공장비 생산까지 기술중심 시공
의 기반을 실현하였고 자동차도장설비, 제철제강설비 등 산업플랜트 제작의
역량을 축적하여 왔다. 아울러 베트남, 싱가포르 등 해외시장을 개척하여 글
로벌기업으로 성장기반을 다져가고 있으며 지식경영의 인프라에 심혈을 기
울여 ERP시스템과 경영정보통합관리 시스템을 구축 운영하여 신속한 의사
결정을 도모함으로써 나름대로 경쟁력 강화에 힘쓰고 있다.

남북교류로 인한 장기적인 전망은 밝지만 주가단기 급등에 대한 경고는
주의해야

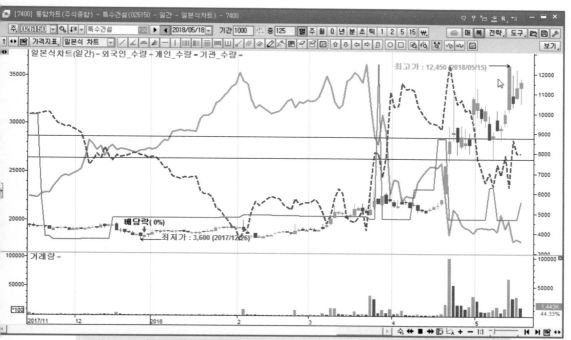

〈그림 1-12〉 장중 가격변동폭이 커지면서 상승한 주가
장중 가격변동이 미미하다가 4월 중순 이후 변동폭 확대와 함께 주가가 급등하고 있음. 자료: 대신증권

　이러한 전문건설분야 수혜에 대한 기대심리로 인해 주가는 단기간에 급등
해서 2018년 4월 24일에는 투자경고종목에 지정되기도 했다. 또한 5월 16일에
는 공매도 과열종목으로 지정되면서 공매도 거래금지가 적용되기도 했다. 개
인투자자는 사실상 공매도(주가가 하락하면 수익을 내는 투자)가 허용되지 않기

에 별반 해당사항이 없지만 기관이나 외국인투자자에 의한 공매도가 과하게 이루어지고 있다고 판단되어 금지를 시킨 것이다.

〈표 1–11〉 특수건설 주요 재무제표

구분	2015년	2016년	2017년
매출액	1,248	1,381	1,311
영업이익	14	7	27
순이익	−22	−69	4

* 단위: 억 원, * 자료: 금융감독원 전자공시시스템(DART)

매출액은 최근 다소 증가한 후에 소강상태를 보이고 있고 이익률은 (+)와 (−)의 경계에서 넘나들면서 지지부진한 모습을 보이고 있다. 반면에 부채율 은 80%선에서 큰 변동 없이 안정세를 유지하고 있다.

〈표 1–12〉 특수건설 수익·안정성 관련 재무제표

구분	2015년	2016년	2017년
영업이익률	1.13	0.48	2.03
순이익률	−1.75	−5.02	0.33
부채비율	75.04	84.32	80.40

* 단위: %, * 자료: 금융감독원 전자공시시스템(DART)

이처럼 특수건설은 고속철도·지하철·고속도로 지하공간 등의 시공·수출 이력으로 남북교류가 활성화될 경우 각종 철도나 도로건설에 필요한 지하·횡 단 특수구조물 시공에 장점이 있어서 장기적으로는 많은 수혜를 입을 것으로 분석되고 있다.

하지만 단기적으로는 실적에 비해 주가가 고평가되어 단기과열 조짐이 보이고 있는 종목이라 지금 고점에서의 투자는 고점에서 덜미를 잡힐 여지가 크다. 따라서 조정 후에 투자기회를 보는 것이 바람직할 것으로 보인다.

07 대아티아이

철도교류 사업초기 수혜 가능, 철도신호제어시스템

회사 개요

- 대아티아이는 철도신호제어시스템 개발 및 공급업을 주 사업으로 영위하고 있으며 인터넷 광고사업을 함께 영위하고 있음.
- CTC(Centralized Traffic Control)를 국산화하여 철도교통관제시스템을 수주 및 완공하였으며, 경부고속철도 KTX 1단계 및 2단계 구간을 모두 수용하는 고속철도 관제시스템을 구축하였음.
- 인터넷광고대행 전문회사 중에서 점유율 1위 업체이나, 시장참여자가 많은 관계로 점유율이 그다지 높지는 않음. 주요 고객은 SKT, 롯데닷컴, 삼성물산 등 대형우량고객임.
- 5개(서울, 대전, 부산, 순천, 영주) 지역관제실로 분포되어 있는 관제설비를 하나의 시스템으로 통합하는 사업을 수주 및 완공함. 경부고속철도 2단계 구간 시공으로 CTC고속철도 신호설비 100% 국산화함.
- 매출구성은 철도 84%, 광고 15% 등으로 이루어짐.

자료: 금융감독원 전자공시시스템(DART), 와이즈에프엔

대아티아이는 철도신호제어시스템 개발 및 공급을 목적으로 1995년 9월에 설립하였으며 2001년 5월 코스닥시장에 상장되었다.

철도신호제어부문에 독보적인 기술력을 가진 기업

열차집중제어시스템(CTC; Centralized Traffic Control)은 광범위한 지역 내의 모든 열차운행상황 및 선로상황 그리고 신호장비의 운영상태를 중앙관제실에서 집중 감시·제어하는 시스템이다.

철도신호제어부문은 철도의 차량 간 운행거리, 운행속도, 운행시간 등 철도의 움직임을 제어하는 분야로서 승객의 안전 및 수송능력 제고를 위한 고도의 핵심기술분야이다. 또한 고속화, 고밀도화, 무인화 운행으로 발전함에 따라 열차제어시스템의 역할과 안전운행을 확보하는 기능이 크게 강조됨으로써 철도신호제어부분의 위상과 중요성이 날로 높아지고 있다.

대아티아이는 신호제어 핵심기술의 하나인 중앙집중제어(CTC) 솔루션을 독자 개발함으로써, 외국기업 독점시장에서 기술력과 가격경쟁력을 바탕으로 전국 5개 지역관제실로 분포되어 있는 관제설비를 하나의 시스템으로 통합하여 일괄통제 시스템을 구축한 실적이 있다. 또한 열차안전운행에 필수적인 장치인 ATP, 역 구내 핵심안전장비인 EI 및 궤도회로 등 철도신호제어 전 분야에 걸친 제품라인업을 완성하는 등 철도신호제어솔루션 분야에서 선도적인 기업이다.

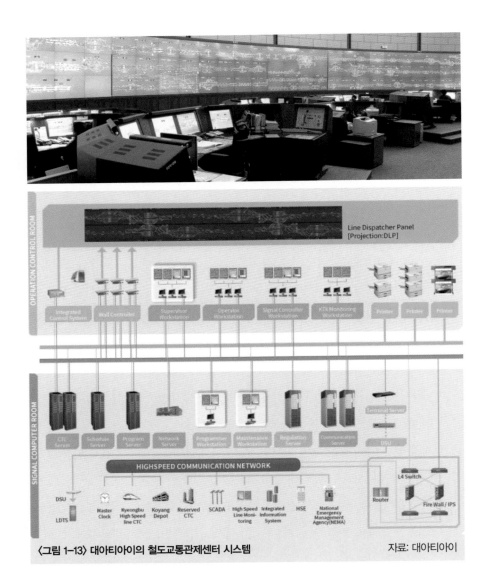

<그림 1-13> 대아티아이의 철도교통관제센터 시스템

자료: 대아티아이

62

해외진출과 함께 남북교류 철도사업에 대한 기대감에 향후 전망은 밝아

지난 2010년 개통된 경부고속철도 2단계 구간 시공을 통해 대아티아이는 고속철도 CTC를 100% 국산화함으로써 세계 고속철도시장에서 해외기업과 경쟁할 기술력을 확보했다. 이를 토대로 이 회사는 인도네시아 시장진출로 인한 외형성장이 기대되고 있다. 2018년 1월 인도네시아 자카르트 경전철 1단계 신호공사 수주를 발판으로 2단계 신호공사 가능성도 높아졌는데 자카르타 수주 매출액은 전체 대비 16.3%를 차지한다. 2단계 경전철의 철도 길이는 기존 1단계의 두 배이며 수주금액도 기존의 두 배가 될 것으로 예상되고 있다.

이런 대외적인 전망 외에도 남북철도 사업이 현실화된다면 기업가치 측면에서 새로운 전기를 맞게 될 것이다. 남북철도 사업의 기획초기에는 저비용, 고효율 사업부터 시작할 것으로 예상되는 만큼 상대적으로 저렴한 신호시스템 기술이 먼저 도입될 것으로 전문가들은 예측하고 있다. 철도신호제어시스템으로 차량 간 운행거리, 운행속도, 운행시간을 조정하는 것이다. 즉 철도수송 능력을 높이기 위해 필수적인 기술인 것이다.

회사 고위 임원의 자사주 매입, 주가상승의 신호탄이자 향후 전망에 대한 자신감

이상백 대아티아이 부사장이 2018년 4월 30일과 5월 2일에 자사주 9만6천 주를 장내에서 매수했다는 소식이 주가에 영향을 주면서 이 기간에 주가는 급등하고 있다. 이후에도 주가는 상승세를 이어가고 있다.

회사의 고위 임원진이 주식을 내다팔면 고점에서 이익실현이라는 의미이고 이는 주가하락의 신호탄이 된다. 반대로 자사주를 사서 모은다는 것은 향후 주가상승에 대한 자신감이 있다는 것으로 풀이된다. 남북교류 철도사업 테마주에 대한 기대심리로 주가가 급등한 가운데 경영진이 장내에서 주식을 매수하면서 향후 성장에 대한 확신을 보여주자 주가가 탄력을 받아서 상승세를 이어가고 있는 것이다.

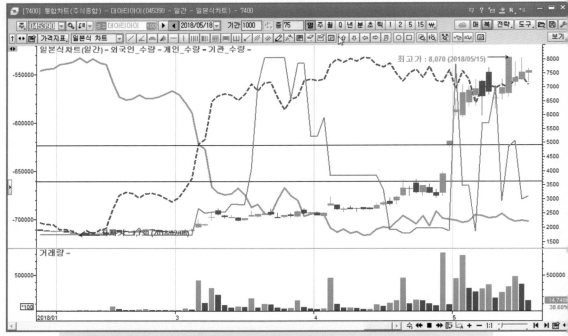

〈그림 1-14〉 임원진의 자사주 매입으로 급등하고 있는 주가
4월 말일과 5월 초에 부사장이 장내에서 자사주 매입을 했다는 소식에 주가가 급등하고 있음.

자료: 대신증권

〈표 1-13〉 대아티아이 주요 재무제표

구분	2015년	2016년	2017년
매출액	826	990	858
영업이익	56	140	71
순이익	52	108	67

* 단위: 억 원, * 자료: 금융감독원 전자공시시스템(DART)

　　최근 실적은 매출과 수익성 모두 상승세를 타다가 2017년에 주춤하고 있다. 하지만 인도네시아의 수주실적이 반영되면 상당부문 개선될 것으로 전망되고 있다. 부채비율은 40% 전후에서 안정적인 움직임을 보이고 있다.

　　철도신호제어부문에 독보적인 기술력을 가진 전문기업이라는 특성상 향후 남북 철도사업이 본격화되면 사업특성상 가장 먼저 수혜를 보게 된다는 점이 매력적인 투자포인트이다. 게다가 해외사업부문의 실적이 뒷받침되면서 단기적으로는 국내외적으로 실적 개선이 예상되고 있다. 낮은 부채비율과 회사 임원진의 자신감도 향후 성장에 대한 기대감을 높이는 요인이 되고 있다.

〈표 1-14〉 대아티아이 수익·안정성 관련 재무제표

구분	2015년	2016년	2017년
영업이익률	6.81	14.18	8.30
순이익률	6.27	10.95	7.79
부채비율	42.29	38.19	41.29

* 단위: %, * 자료: 금융감독원 전자공시시스템(DART)

08

우원개발

고속철도·지하철,
교량·터널 등 토공 전문기업

회사 개요

- 1998년 설립되어 2002년 코스닥시장에 상장된 기업으로 토공사업을 주력으로 하며 IT사업, 도시개발사업 등을 영위하고 있음.
- 중부고속도로를 시작으로 국도 및 고속도로 대부분의 프로젝트에 참여하였으며 현재까지 약 70건의 실적과 시공 총 연장 350km 이상을 달성하였음.
- 대한전문건설협회의 2017년 정기평가 기준으로 토공, 비계, 포장, 수중공사 등이 10위권 안에 들었음.
- 고속철도 및 도심지를 관통하는 지하철까지 약 33건의 완공실적을 보유하고 있으며 축적된 기술력을 바탕으로 NATM공법을 이용한 터널현장 3개소 및 수직구+NATM공법을 이용한 수도고속철도 2개소, 전철 5개소가 시공 중임.
- 매출구성은 토공사업 96.26%, 기타수입 3.58%, 부동산임대수입 0.16% 등으로 이루어짐.

자료: 금융감독원 전자공시시스템(DART), 와이즈에프엔

우원개발은 1998년 10월에 설립되어, 2002년 6월 코스닥시장에 상장되었다. 이 회사의 주요사업은 도로공사, 산업단지조성공사, 철도공사, 지하철공사, 특수공법공사, 하천공사, 항만공사와 주택건설 및 부동산개발 등이 있다.

〈그림 1-15〉 우원개발이 참여한 주요사업   자료: 우원개발

고속철도·지하철, 교량·터널 등 철도 관련 개발실적과 시공능력 평가
대한전문건설협회의 2017년 정기평가기준결과에서 나타난 우원개발의 시공능력 평가금액 및 순위는 〈표 1-15〉와 같다.

〈표 1-15〉 시공능력 평가금액 및 순위

구분	시공능력 평가금액	전국순위(회사순위/전국 업체 수)
토공	296,454,096	4 / 6,047
미방조적	28,567,377	22 / 2,219
비계	41,609,903	9 / 2,885
금속창호	28,567,377	47 / 6,563
철근콘크리트	47,987,550	69 / 11,082
상하수도	28,239,570	17 / 7,330
보링	28,239,570	14 / 1,006
포장	28,845,535	11 / 2,444
수중공사	66,833,751	1 / 371

＊ 단위: 천 원   ＊ 자료: 2017 시공능력평가공시, 대한전문건설협회, 우원개발

표에서 보듯이 이 회사는 토공, 비계, 수중공사 등에서 전국 업체 중에서 10위권 안에 드는 시공능력 평가금액을 갖춘 것으로 평가되고 있다. 세부적인 공사분야로는 고속도로·도로공사, 교량·터널, 항만·택지조성, 환경·에너지사업 시설, 고속철도·철도·지하철 등이 있다.

고속도로·도로공사는 중부고속도로를 시작으로 국도 및 고속도로 대부분의 프로젝트에 참여하였으며 현재까지 약 70건의 실적과 시공 총 연장 320km 이상을 달성하였다.

교량·터널은 한강을 횡단하는 동작대교, 동호대교를 비롯하여 서정대교, 회야대교, 양산낙동강교 등 다수의 도로교량 및 철도교량에서 PSC-BEAM, FCM, FSM, ILM 공법 등으로 준공하였으며, 터널공사는 NATM 공법으로 약 60여 개의 현장을 준공하였다.

항만·택지조성은 아파트 15층 높이의 케이슨 공법을 이용한 영일신항만 방파제 공사를 비롯하여 거제조선소, 당진 철제부두, 포항신항 제1부두를 맡았고, 해외에서는 나이지리아 라돌 면세지역 안벽 건설공사를 성공적으로 수행하였다.

환경·에너지산업 시설은 동양 최대 규모(830만㎡의 면적, 하루 처리량 200만 톤)의 가양하수종말처리장 시설을 성공적으로 준공하였으며, 양양 양수발전소는 높이 800m, 지름 6.5m의 수직구 공사에 독자적으로 개발한 슬립폼 공법을 적용하여 특허를 출원하기도 했다.

또한 고도의 기술력을 요하는 고속철도 및 도심지를 관통하는 지하철까지 약 40건의 완공실적을 보유하고 있으며 축적된 기술력을 바탕으로 철도 5개소, 전철 5개소를 진행 중이다.

철도관련 테마주에 속했지만 다른 종목에 비해 다소 약한 스타성

우원개발은 2018년부터 본격적으로 주주친화정책을 강화할 계획을 밝히고 2월에 보통주 한 주당 100원을 주는 현금배당을 결정했다. 이 회사의 현금배당은 2010년 8월 자회사와 합병 이후 처음으로 배당금 총액은 14억 원이고 시가배당률은 2.7%이다. 또한 회사의 경쟁력을 높이고 임직원에 대한 동기부여 차원에서 우리사주제도를 활성화할 예정이다.

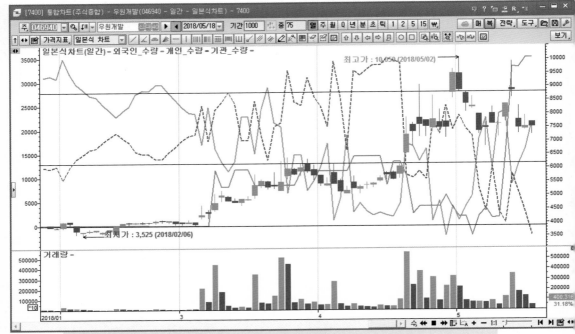

〈그림 1-16〉 단기급등 후에 이내 조정을 받고 있는 주가
4천 원대에서 움직이던 주가가 1만 원의 고점을 찍고는 이내 하락세로 돌아서서 주춤하고 있음.

자료: 대신증권

이런 노력에도 불구하고 이 종목은 철도관련 테마주에 속했지만 다른 종목에 비해 다소 약한 스타성으로 인해 주가상승의 탄력은 같은 테마주의 다른 종목들에 비해서는 그다지 큰 편은 아니다. 4천 원대에서 1만 원의 고점을 찍은 주가는 이내 하락세로 돌아서서 7천 원대까지 밀린 상태에서 가격대를 형성하고 있다.

〈표 1-16〉 우원개발 주요 재무제표

구분	2015년	2016년	2017년
매출액	2,534	2,071	1,836
영업이익	152	40	63
순이익	88	67	−4

* 단위: 억 원,   * 자료: 금융감독원 전자공시시스템(DART)

　게다가 최근 실적은 감소세를 보이고 있다. 매출액과 이익이 모두 줄어들면서 2017년에는 순이익이 (−)를 기록하는 등 수익성 면에서는 좋지 않은 실적을 기록하고 있다. 부채비율도 131%에서 97%로 줄어드는가 싶더니 2017년에는 221%로 급증하는 등 안정성 면에서도 불안한 모습을 보이고 있다.

　이런 재무제표상의 악화되는 실적에도 불구하고 남북교류 철도 테마주에 묶이면서 이 종목의 주가는 단기급등을 했다. 하지만 1만 원의 고점을 찍고는 이내 7천 원대까지 주가가 밀리면서 다른 종목들에 비해 약세를 보이고 있다. 테마에 의한 열기가 식을 경우 같이 묶인 다른 종목들에 비해 조정이 깊고 길 것으로 예상되고 다른 종목이 테마에 치고 들어올 경우 밀려날 여지도 있어 보인다. 따라서 현 시점에서의 투자는 다소 보류하고 향후 추이를 보고 판단해야 할 것으로 분석된다.

〈표 1-17〉 우원개발 수익·안정성 관련 재무제표

구분	2015년	2016년	2017년
영업이익률	6.00	1.94	3.44
순이익률	3.48	3.23	−0.21
부채비율	131.36	97.88	221.04

* 단위: %,   * 자료: 금융감독원 전자공시시스템(DART)

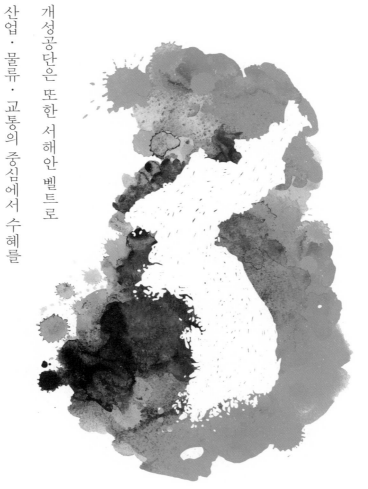

개성공단은 또한 서해안 벨트로
산업·물류·교통의 중심에서 수혜를
볼 것으로 기대되고 있다.

2부 ○ 개성공단 재가동으로
주가상승 기대되는 입주기업들

개성공단은 2004년 남북 당국 간의 합의 이후 2004년 12월 처음으로 개성공업지구 첫 제품이 생산되면서 본격적으로 추진되었다. 2006년에는 시범단지 15개 공장이 모두 완전 가동단계에 접어들어 안정적 성장의 기반을 마련하였다. 2007년 6월에는 본단지 2차 53만 평 156개 부지가 평균 2.3대 1의 높은 경쟁률 속에서 분양 완료되어 본격적인 공장건축이 진행되었으며, 1단계 기반시설 공사도 완료되었다.

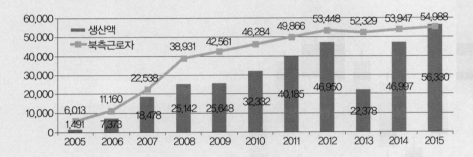

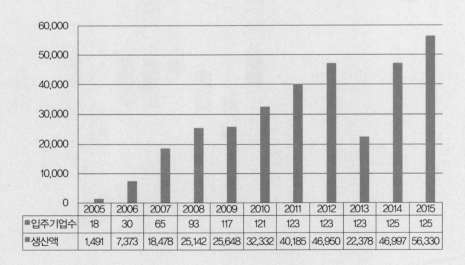

	2005	2006	2007	2008	2009	2010	2011	2012	2013	2014	2015
입주기업수	18	30	65	93	117	121	123	123	123	125	125
생산액	1,491	7,373	18,478	25,142	25,648	32,332	40,185	46,950	22,378	46,997	56,330

개성공단은 2008년 금강산 관광객 피격사건으로 관광사업 중단 등 남북 관계 경색에도 불구하고 2004년부터 2015년 11월까지 총 124개 기업이 전체 31억 달러를 생산하는 등 남북경협의 상징으로 자리매김했었다. 이후 2016년 1월 북한의 4차 핵실험과 장거리로켓 발사 이후 우리 정부의 개성공단 전면 중단 결정과 북한의 개성공단 폐쇄 조치 등으로 모든 사업이 전면 중단된 상태였다.

개성공단이 재가동 될 경우 1단계 공장구역을 마무리하고, 2단계 사업을 추진할 수 있을 것으로 예상되고 있다. 과거 개성공단을 개발할 때에는 개성 공업지구 개발합의서 채택부터 개성공단 1단계 개발 착공까지 3년여의 시간이 소요되었다. 하지만 이미 기반시설이 공단 내에 구축되어 있기 때문에 재가동을 위한 준비기간은 보다 짧을 것으로 예상되고 있다.

개성공단은 또한 서해안 벨트로 산업·물류·교통의 중심에서 수혜를 볼 것으로 기대되고 있다. 서해안 벨트는 수도권, 개성공단, 평양·남포, 신의주를 연결하는 서해안 경협벨트 건설 프로젝트이다. 남북한의 수도권을 포함하고 있어서 발전 잠재력이 매우 높으며, 장기적으로는 중국의 동북 3성 중 경제활동이 가장 활발한 랴오닝성과 연결하는 교통·물류 인프라 건설을 추진할 수 있다.

이런 이유로 기존의 개성공단 입주기업 외에도 공단규모 확장 등으로 신규로 입주를 희망하는 기업들의 경쟁도 치열할 것으로 예상되고 있다.

01 쿠쿠홀딩스

중국과의 관계개선,
개성공단 기대감의 쌍끌이 호재

회사 개요

- 성광전자㈜로 1978년 11월 설립된 쿠쿠홀딩스는 2017년 12월 인적 분할 및 물적 분할을 실시한 분할존속회사로서 분할대상 부문을 제외한 투자사업부문을 영위하고 있음.
- 자회사 관리 및 투자사업 등을 주요 사업으로 영위하며, 주요 수익원은 자회사 등으로부터 받는 배당금, 경영자문수익, 상표사용수익 등이 있음.
- 자회사인 쿠쿠홈시스는 개인고객을 대상으로 정수기, 비데, 공기청정기 등 소비재성 생활가전제품을 주 품목으로 하는 렌탈업을 영위하고 있음.
- 자회사인 쿠쿠전자는 전기밥솥 등 전열 가전사업부문을 영위하며 전기밥솥 외 IH레인지, 멀티쿠커 등의 조리용 주방가전제품, 가습기, 에어워셔 등의 생활가전제품을 생산·판매하는 주방·생활가전제품 전문제조회사임.
- 매출구성은 제품 94.62%, 기타 5.38% 등으로 이루어짐.

자료: 금융감독원 전자공시시스템(DART), 와이즈에프엔

압력밥솥으로 유명한 쿠쿠홀딩스는 원래 성광전자로 1978년 11월 설립되었다. 2002년 10월 쿠쿠전자로 사명을 변경하였으며 2014년 8월에 유가증권시장에 상장되었다.

지주회사 전환으로 새로운 전기를 모색하는 쿠쿠홀딩스

쿠쿠전자는 지주회사 체제전환을 위해 2017년 12월 1일 자회사 관리 및 신규사업투자를 목적으로 하는 투자사업부문(쿠쿠홀딩스), 기존의 렌탈사업부문(쿠쿠홈시스)으로 인적 분할 신설하고, 가전사업부문을 쿠쿠전자로 물적 분할 신설하였으며, 분할존속회사의 명칭을 쿠쿠홀딩스로 상호를 변경하였다. 쿠쿠홀딩스는 2018년 1월 11일 유가증권시장에 변경상장되었다.

참고로 지주회사란 다른 회사의 주식을 소유함으로써 그 회사지배를 목적으로 설립된 회사로서 '독점규제 및 공정거래에 관한 법률(공정거래법)'에서는 자산총액이 5천억 원 이상으로서 지배 목적으로 보유한 다른 회사(자회사)의 지분합계가 당해 회사 자산총액의 50% 이상인 회사를 지주회사로 규정하고 있다. 여기서 다른 회사를 지배하는 회사를 지주회사(Holding Company) 또는 모회사라 하고 지배를 받는 회사를 사업회사(Operation Company) 또는 자회사라고 한다.

쿠쿠홀딩스는 2018년 3월 기준으로 아직 지주사 요건을 모두 갖추지는 못했다. 쿠쿠홀딩스가 갖고 있는 쿠쿠홈시스의 지분율은 16.82%에 불과하다. 공정거래법상 지주사는 상장 자회사 지분을 20% 이상 보유해야 한다. 이 외에도 자산규모가 지주사 요건인 5천억 원에 미치지 못한다.

이런 문제를 해결하기 위해서 쿠쿠홀딩스는 보통주 1주당 4천100원의 현금 배당을 결정했다고 2018년 3월 28일 공시했다. 시가 배당율은 2.5%로 배당금 총액은 약 181억 원이다. 증자는 보통주 258만여 주 일반공모 방식으로 진행된다. 1주당 평균 발행가액은 9만8천 원대이다.

쿠쿠홀딩스는 쿠쿠홈시스 주주들로부터 현물출자 신청을 받고, 그 대가로 쿠쿠홀딩스 신주를 배정하는 방식으로 유상증자를 실시할 계획이라며 쿠쿠홈시스를 자회사로 편입시켜 공정거래법에서 규정하는 지주회사 요건을 충족할 예정이다.

〈그림 2-1〉 쿠쿠홀딩스 자회사의 주요 생산제품   자료: 쿠쿠홀딩스

쿠쿠홀딩스가 현물출자 유상증자를 통해 계획대로 쿠쿠홈시스 주식 142만4천주를 확보하게 되면 이 회사가 가진 쿠쿠홈시스 지분은 16.82%에서 36.85%로 높아진다. 이렇게 되면 쿠쿠홀딩스는 공정거래법상 지주회사 요건을 충족시키게 되어 지주회사 전환이 마무리될 수 있다.

사드 여파로 밥솥 판매 부진, 힘 못쓴 2017년 상반기의 쿠쿠홀딩스(쿠쿠전자)

분할 전의 쿠쿠전자는 사드 갈등으로 중국 내 한국상품에 대한 불매운동과 중국인 관광객 급감으로 인한 여파가 장기화되면서 큰 타격을 받았다. 특히 주력 아이템인 전기밥솥 판매가 신통치 않았고 이는 2017년 2분기 어닝쇼크로 나타났다. 그 결과 지지부진한 흐름을 이어가던 주가는 2017년 상반기 들어서 반등에 나서지만 2분기 실적이 나쁘다는 발표가 나오면서 힘을 쓰지 못하고 10만 원대 아래로 주저앉고 만다.

이후 중국과의 관계개선이 예상되는 신호가 나오고 렌탈사업부문의 실적 호조로 투자심리가 다소 개선되었다. 거기다가 연말을 기점으로 지주사 전환 완료에 대한 기대감이 더해지면서 주가는 상승세로 전환되었다.

〈그림 2-2〉2017년 반등과 하락을 반복하는 주가
2017년 봄 이후 반등에 나선 주가는 실적악화로 인해 6월 이후 다시 흘러내려서 10만 원 아래로 주저앉고 있음.
자료: 대신증권

　　지주회사로 전환한 후에 2018년 들어서 박스권에서 등락을 반복하던 쿠쿠홀딩스의 주가는 2018년 4월 들어서 급격하게 상승세를 탄다. 중국과의 관계 개선과 개성공단 관련 테마주라는 호재가 작용하면서 주가가 급등한 것이다. 이 기간 중에 개인들의 매수세가 강하게 나타났고 외국인의 순매수도 다소 감소하다가 다시 상승세로 돌아서면서 주가를 '쌍끌이' 했다는 점이 다소 고무적이다. 외국인도 이 종목의 향후 전망을 밝게 본 것이다.

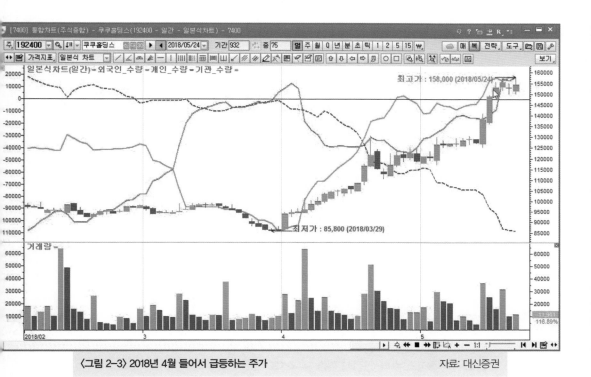

〈그림 2-3〉 2018년 4월 들어서 급등하는 주가   자료: 대신증권

　　2015년 고점을 찍은 쿠쿠홀딩스의 실적은 이후 하락세를 면치 못하고 있
다. 2017년 순이익 급증은 회사분할 과정에서의 장부상의 변화일 뿐이다. 이
런 점이 반영되어 2018년 초까지 주가는 소강상태를 보였지만 4월부터 남북
교류 기대감에 개성공단 테마주라는 이유로 주가가 급등했다.

중국과의 관계개선, 렌탈사업부문 매출증가, 개성공단 테마주라는 3박자의 호재

〈표 2-1〉 쿠쿠홀딩스 주요 재무제표

구분	2015년	2016년	2017년
매출액	6,675	4,838	4,502
영업이익	916	954	647
순이익	746	801	4,520

* 단위: 억 원,   * 자료: 금융감독원 전자공시시스템(DART)

수익·안정성 관련 재무제표도 회사분할과 관련되어 장부상의 조정이 있어서 영업이익률이나 순이익률은 들쭉날쭉한 점이 있다. 반면에 부채비율은 30% 전후로 상당히 낮아서 재무건전성은 매우 양호한 수준이다.

〈표 2-2〉 쿠쿠홀딩스 수익·안정성 관련 재무제표

구분	2015년	2016년	2017년
영업이익률	13.78	19.72	14.37
순이익률	11.17	16.55	100.40
부채비율	22.68	25.99	36.84

* 단위: %,   * 자료: 금융감독원 전자공시시스템(DART)

이 종목은 중국과의 관계개선에 의한 밥솥매출 증가에 대한 기대와 렌탈사업부문의 매출상승으로 실적개선이 예상되고 있다. 게다가 남북교류 활성화로 개성공단 테마주로 묶여서 주가상승 기대감이 상당히 높다. 이런 점은 단

기적뿐만 아니라 중장기적으로도 투자선택에 유리하게 작용할 것으로 분석
되고 있다.

02 제이에스티나
시계회사에서
종합 패션기업으로

회사 개요

- 제이에스티나는 J.ESTINA 브랜드로 쥬얼리와 핸드백 사업을, ROMANSON 브랜드로 손목시계 사업을 영위하고 있음.
- 제이에스티나의 브랜드 인지도를 바탕으로 우수한 디자인과 상품력을 위주로 새로운 쥬얼리 Bag과 제이에스티나만의 Unique한 심볼을 통해 시장에 신선감과 관심도를 증대시켜 성공적인 브랜드 안착을 계획하고 있음.
- 쥬얼리와 핸드백은 내수 위주로 영업 중이며 손목시계는 핵심 디자인부문만을 담당하며, 시계의 가장 기본인 시간을 나타내는 무브먼트는 100% 수입으로 해결하고 있음.
- 시계부문에서 'flo(꽃)'라는 스페인어와 'roje(로만손+제이에스티나의 합성어)'로 'FLOROJE'라는 소녀감성의 러블리한 여성패션시계 브랜드 출시 계획임.

제이에스티나는 손목시계 제조·판매를 위하여 1988년 4월에 설립되었으며, 사업 다각화로 2003년 3월에 쥬얼리 부문, 2011년 5월에는 핸드백 부문, 2017년 4월 화장품 부문으로 사업영역을 확대하여 패션전문 기업으로 성장발전하고 있다. 1999년 12월에 코스닥시장에 상장되었다.

시계전문회사 로만손에서 종합 패션기업 제이에스티나로의 성공적인 변신

제이에스티나의 전신인 로만손은 1988년 시계 제조업체로 출발했다. 당시에 시계유리 전면을 정밀하게 깎는 독창적인 기술을 앞세워 아남이나 삼성시계 등의 쟁쟁한 경쟁자들보다 우위에 섰다. 하지만 이후 국내 시계산업은 사양길에 접어들었다. 휴대폰에 시계가 기본적으로 탑재되면서 시장 자체가 크게 줄어들었고 유럽의 명품시계, 성능 좋은 일본산 제품 등에도 밀렸다.

이에 2003년 로만손은 제이에스티나란 브랜드를 새로 선보이고 이를 통해 쥬얼리와 핸드백 등을 만들어 꾸준히 키워냈다. 그 결과 2015년 로만손 매출에서 제이에스티나 쥬얼리와 핸드백이 차지하는 비중은 80%에 달했다. 2016년에는 회사명도 아예 로만손에서 제이에스티나로 바꿨다. 제이에스티나는 쥬얼리와 핸드백 외에도 화장품, 향수, 의류 등 패션 관련 아이템으로 사업을 확장하고 있다. 그 결과 2017년 기준 제이에스티나 매출 중 시계가 차지하는 비중은 이제 6%가 채 되지 않고 있다.

〈표 2-3〉 사업부문별 요약 재무현황(2017년 기준)

2017년	JS쥬얼리	핸드백	손목시계	화장품	합계
총매출액	93,380	38,007	7,926	636	139,949
영업손익	7,516	-2,616	-946	-4,002	-48
총 자산	64,371	27,299	17,314	868	109,852
총 부채	22,202	9,170	2,485	3,973	37,830
감가상각비등	3,154	1,737	284	88	5,263

* 단위: 백만 원   * 자료: 금융감독원 전자공시시스템(DART), 제이에스티나

쥬얼리, 핸드백, 손목시계, 화장품으로 브랜드 출시, 사업다각화로 성장

제이에스티나는 쥬얼리, 핸드백, 손목시계, 화장품 등을 제조·판매하고 있다. 쥬얼리(J.ESTINA, 제이에스티나)는 14K, 18K 위주의 한국 최초의 브릿지 쥬얼리 브랜드로 '티아라'를 주요 디자인으로 2003년 3월 출시하였다. 20~30대의 개성이 강하며 자신만의 아름다움을 추구하는 여성들을 주타깃으로 백화점, 면세점, 자사몰 등의 영업망을 운영하고 있다.

〈그림 2-4〉 제이에스티나의 주요 브랜드와 상품   자료: 제이에스티나

핸드백(J.ESTINA BAG)은 2010년부터 핸드백 등 가죽제품으로 라인을 확대하여 2011년 5월 본격 출시하였으며, 2017년 말 기준 59개 매장을 운영 중이다. 2017년은 사드 등 대중관계 경색으로 중국인 관광객 방문이 급감하며 일부 매장당 효율이 떨어지는 매장에 대해서는 철수 등 전반적인 효율성 강화를 위한 조정을 진행하였다.

손목시계(ROMANSON)는 1988년 4월 손목시계 제조·판매를 위하여 창업하여 현재 전 세계 70여 개국으로 로만손 자체 브랜드로 수출하고 있으나 최근 주력 수출시장의 위축과 스마트폰, 스마트 워치 확대 등으로 국내시장도 어려움을 겪고 있다. 2015년부터 내수도 유통축소 등 구조조정을 진행하여 2017년 말 기준 면세점과 온라인 위주의 사업으로 운영하고 있다.

　화장품(J.ESTINA BEAUTY)은 2017년 4월 가로수길에 첫 매장을 오픈하여 본격적인 화장품 사업을 전개하고 있으며 광채크림의 스킨케어, 광채쿠션의 베이스, 칼라로 상품을 구성하여 온라인과 모바일마켓에 집중하며 인지도를 만들어 가고 있다.

악재를 딛고 실적 개선과 개성공단 재개 기대감에 날개 단 주가

〈그림 2-5〉 2018년부터 큰 폭으로 반등하는 주가
2016년부터 하락세를 면치 못했던 주가가 2018년 들어서 상승세로 전환되어 급등하고 있음.

자료: 대신증권

<표 2-4> 제이에스티나 주요 재무제표

구분	2015년	2016년	2017년
매출액	1,553	1,703	1,399
영업이익	41	79	−0.48
순이익	32	34	−36

* 단위: 억 원. * 자료: 금융감독원 전자공시시스템(DART)

다양한 패션 분야로 사업을 확장하고 꾸준한 신제품을 출시하면서 사세를 키워가던 제이에스티나는 사드 여파로 중국과의 관계가 악화되면서 2017년에 매출이 줄어드는 양상을 보였다. 그 결과 이익도 (−)로 돌아서면서 주가는 약세를 면치 못했다. 그래도 부채비율은 크게 늘지 않으면서 자본건전성은 양호한 흐름을 유지했다.

이후 2018년 들어서 이런 악재를 딛고 1분기 실적이 좋아짐에 따라 주가는 상승세로 돌아선다. 2017년 면세점 판매감소 등으로 적자전환 했지만 2018년에는 중국인 소비매출이 늘어나면서 다시 흑자전환이 가능할 것으로 분석되고 있다. 거기다 개성공단 입주 기업이었기에 남북화해 무드로 개성공단이 재개될 경우 수혜를 볼 수 있다는 기대감으로 주가는 4월 말 장중 한때 1만 1천 원대를 돌파하면서 큰 폭의 상승세를 보이기도 했다.

이처럼 이 종목은 남북교류에 의한 개성공단 테마라는 이유로 인한 단기 급등도 있지만 중국과의 관계개선에 의한 매출 증가, 개성공단 재입주로 인한 수혜 등이 복합적으로 예상되면서 중장기적으로 실적 개선과 함께 꾸준한 주가상승이 기대된다고 할 수 있다.

〈표 2-5〉 제이에스티나 수익·안정성 관련 재무제표

구분	2015년	2016년	2017년
영업이익률	2.66	4.64	−0.03
순이익률	2.07	2.01	−2.59
부채비율	57.38	57.32	52.53

* 단위: %,　* 자료: 금융감독원 전자공시시스템(DART)

03 신원

개성공단 재개 시
OEM수출로 큰 수혜 기대

회사 개요

- 신원은 1973년 9월 26일에 섬유제품 제조 및 섬유의류 판매, 수출입업 등을 목적으로 설립됨.
- 바이어로부터 니트, 스웨터, 핸드백 제품에 대한 오더를 수주해서 과테말라 등 7개 계열사에 생산·수출하고 있는 수출부문과 BESTI BELLI 등 8개의 자체브랜드 사업을 전개하는 패션부문으로 구분됨.
- 신원은 중국에 동관지사를 설립하여 현지화 전략을 통한 신규 바이어 확보 및 양질의 오더 수주에 노력하고 있으며 이태리 명품 브리오니와 프리미엄 데님 씨위를 독점 전개하여 명품사업에 안착함.
- 2016년 4월 14일 중국 진잉국제무역유한공사와 총투자액 USD 10,000,000 규모의 홍콩합작법인을 설립하는 합자계약을 체결함.
- 매출구성은 수출부문 60.24%, 패션부문 39.76% 등으로 이루어짐.

자료: 금융감독원 전자공시시스템(DART), 와이즈에프엔

신원은 1973년 9월에 섬유제품 제조 및 섬유의류 판매, 수출입업 등을 목적으로 설립되었으며 1988년 8월에 유가증권시장에 상장되었다. 씨, 비키, 베스띠벨리 등의 여성복과 지이크, 반하트 디 알바자 등 남성복을 제조·판매하는 패션업체이다.

OEM수출과 베스티벨리 등 자체 브랜드 패션사업을 이어온 신원

신원은 의류 제품·상품을 판매하고 있으며 매출은 바이어로부터 주문을 받아 OEM방식으로 수출함으로써 발생하는 수출부문과 백화점, 대리점, 호텔 및 인터넷쇼핑몰 등을 통해 매출이 발생하는 패션부문으로 나눌 수 있다.

수출부문은 니트, 스웨터, 핸드백 사업부로 나뉘고 사업부별 지속적인 거래를 통한 고정바이어를 확보하고 있으며, 이들 바이어와의 상담을 통해 오더를 확정하고 오더에 따른 견본을 제작하여 바이어에게 최종 승인을 얻게 된다. 이후 각 사업부는 원부재료 등을 구입하여 생산을 담당하는 해외법인으로 보내고, 이를 기반으로 제품을 생산하여 현지에서 바이어에게 선적하여 매출을 발생시킨다.

패션부문의 판매는 백화점, 대리점, 직영점, 호텔 등을 통해 매출이 발생하며, 2017년 말 현재 6개 패션브랜드 사업부에서 763개 유통망(브리오니 8개, 중국 내 유통망 44개 포함)을 확보하고 있다. 각 사업부의 유통망은 각 브랜드의 주요 고객층이 밀집되는 적소에 위치하여 매출확대에 힘쓰고 있다. 6개 패션브랜드의 주요 생산지는 국내뿐만 아니라 중국 등의 해외에서 생산하고 있으며, 이태리명품 브리오니 제품은 전량 수입하고 있다. 이렇게 생산 또는 수입된 제품은 회사 물류센터로 입고되어 전국의 유통망에 배분된다.

BESTI BELLI

viki

S'I

SIEG°FAHRENHEIT

신원 개성법인 소개

개성공단은 양질의 노동력과 풍부한 인적자원, 저렴한 물류 비용 등을 갖춘 최적의 생산기지
입니다. 신원의 개성 법인 역시 생산성이 높을 뿐만 아니라 생산된 제품의 품질도 매우 우수한
것이 특징입니다. 현지에서 생산된 개성산 제품은 전량 국내에 반입되어 전국의 각 브랜드 매
장에서 판매되고 있습니다.

신원의 개성공단 본단지 신규 공장은 현재 시범단지 공장 규모의 4배 정도 되는 부지를 확보
하고, 시범단지에 위치하는 기존 공장의 약 3배 정도 규모를 갖추고 있습니다. 신원의 개성공
단 본단지 신규 공장은 현재 2층 건물에 종업원 200명 규모를 운영하는 개성공단 최대 규모
의 공장입니다.

향후 개성공단 제품의 원산지를 한국산으로 인정받을 경우, 신원은 현재 과테말라, 베트남 인
도네시아, 중국에서 생산 중인 수출 부문의 생산 물량 중 일부를 개성 공장에서 생산할 계획도
가지고 있습니다. 개성 법인은 신원이 앞으로 세계적인 패션 기업으로 도약하는 데 가장 든든
한 기반이 될 것입니다.

2004년 10월 07 시범단지 신원 공장 착공 (시범 5-12BL)
2004년 11월 29 북측 직원 중국 실습 교육
2004년 12월 21 북측 직원 1차 입사
2005년 03월 10 개성공장 첫 제품 반출
2005년 05월 26 제 1공장 준공식 및 패션쇼 개최
2006년 09월 27 제 2,3공장 준공
2008년 07월 22 본단지 공장 증설 착공 (본단지 11-4BL)
2009년 07월 31 본단지 공장 준공

〈그림 2-6〉 신원의 주요 브랜드와 개성법인(공단)소개   자료: 신원

2017년 이익 급락 이후 2018년에 새롭게 변신을 추구하는 신원

〈표 2-6〉 신원 사업부문별 요약 재무현황(2017년 기준)

구분	수출 부문		패션 부문			
	OEM사업	비중	브랜드사업	기타사업	소계	비중
매출액	513,711,779	66.00%	258,560,109	6,166,863	264,726,973	34.00%
내부매출액	128,214,541	92.60%	4,176,195	6,117,035	10,293,230	7.40%
순매출액	385,497,237	60.20%	254,383,915	49,828	254,433,743	39.80%
영업이익(손실)	3,421,556	407.70%	-2,630,898	48,649	-2,582,249	-307.70%
총자산	156,127,133	37.00%	145,325,948	91,932,437	237,258,385	56.30%

* 단위: 천 원   * 자료: 금융감독원 전자공시시스템(DART), 신원

신원은 2016년부터 이익이 적자로 전환되는 충격을 겪었다. 그 결과 2018년 들어서 조직개편을 시작으로 대대적인 브랜드 재정비에 나섰다. 브랜드 이름만 빼고 다 바꾸겠다면서 회사 재도약의 원년임을 공표했다.

출시 28년을 맞은 신원의 대표적인 여성복 브랜드 '베스띠벨리'는 대리점 유통망을 강화해서 연 매출 700억 원대로 키울 계획이다. '비키'는 13개 백화점 매장에 입점하고 하반기에도 매장을 10여 개 더 늘리면서 백화점 매장을 대폭 늘리기로 했다.

남성복 '지이크'와 '지이크 파렌하이트'를 통해 프리미엄 라인을 내놓고 온라인용 중저가 제품을 출시해서 20~30대의 젊은 소비자를 목표로 삼을 예정이다. 이를 위해 신원은 남성복 사업강화에 나서면서 LG패션(현 LF)과 코오롱인더스트리FnC부문 등에서 남성복을 맡았던 인재를 남성복 총괄본부장으로 영입했다.

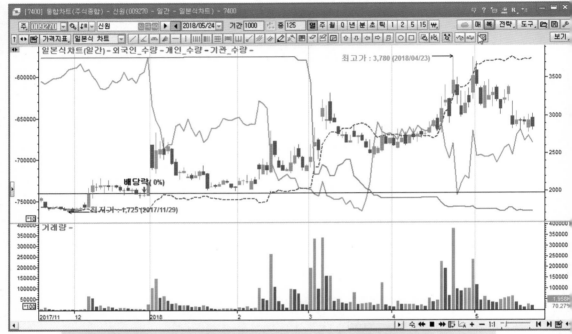

〈그림 2-7〉 재도약으로 상승한 주가는 다시 주춤
2017년 박스권에서 소강상태를 보인 주가는 2018년 들어서 반등 후에 다시 주춤하고 있음.

자료: 대신증권

2015년부터 매출은 정체된 모습을 보이더니 이익도 감소하다가 2017년에는 급락하고 있다. 순이익은 이미 2016년부터 적자로 전환되고 만다. 이로 인해 부채비율도 다소 상승하고 있다.

이런 점이 반영되어 주가는 2017년에는 박스권에서 소강상태를 보이고 있다. 이후 2018년 들어서 회사의 대대적인 변화와 개성공단 재개에 대한 기대감으로 주가는 상승세로 전환되었다. 하지만 이런 재도약 선언과 개성공단 재개 기대감의 주가반영은 아직 미지근한 상태이다.

〈표 2-7〉 신원 주요 재무제표

구분	2015년	2016년	2017년
매출액	6,394	6,401	6,399
영업이익	187	150	8
순이익	66	−58	−98

* 단위: 억 원, * 자료: 금융감독원 전자공시시스템(DART)

최근 패션업계는 격변하는 시장상황 속에서 글로벌 브랜드와 치열하게 경쟁해야 하기 때문에 과거의 방식으로는 살아남을 수 없다. 이에 신원은 브랜드 이름만 빼고 전부 다 바꾸는 중장기적인 변화와 혁신을 통해 수익을 극대화할 계획이라고 비전을 제시하고 있다. 여기에 개성공단 재개는 힘을 실어주는 요소로 작용할 수 있다.

하지만 주가는 아직까지는 다른 테마주 종목들에 비해서는 다소 상승세가 둔하고 주춤하는 양상이다. 이런 점으로 볼 때 현재로서는 소강상태인 주가가 남북교류의 성과가 가시화되고 개성공단 재개에 대한 구체적인 전망이 나오기 시작하면 탄력을 받아 추가적인 상승세를 형성할 여지가 있다.

〈표 2-8〉 신원 수익·안정성 관련 재무제표

구분	2015년	2016년	2017년
영업이익률	2.93	2.35	0.13
순이익률	1.04	−0.90	−1.54
부채비율	131.31	138.87	149.26

* 단위: %, * 자료: 금융감독원 전자공시시스템(DART)

04 보성파워텍

북한전력 시장 개방되면
전력+개성공단 수혜

**회사
개요**

- 보성파워텍은 1970년에 설립되었으며, 전력산업 기자재 생산 전문 업체로 발전소, 변전소 철골 및 송배전 기자재 등 전력산업에 사용되는 기자재 개발 및 제작, 판매를 주된 사업으로 영위하는 기업임.
- 보성파워텍의 주요제품은 SF6가스개폐기, 주상변압기, 송전철탑, 발전소용 철골 등이 있으며, 충주공장 및 나주공장에서 생산되고 한국전력공사에 연간매출이 집중되어 있음.
- 주요 사업부문은 전력산업 단일부문이며 한국전력공사, 한국수력원자력, 케이티, 일반업체 및 대리점 영업을 수행하는 판매조직이 구성되어 있음.
- 배전자동화 폴리머 리클로저, ECO─부하개폐기(가공용), 리드선부착형 폴리머 피뢰기 등의 한국전력공사 납품 신제품개발 실적이 있음.
- 매출구성은 전력산업 제품매출 85.68%, 전력산업 상품매출 14.32% 등으로 이루어짐.

자료: 금융감독원 전자공시시스템(DART), 와이즈에프엔

보성파워텍은 1970년 11월에 설립되어, 1994년 8월 코스닥증권시장에 상장되었다. 이 회사는 전력산업 기자재 생산 전문업체로 발전소, 변전소 철골 및 송배전 기자재 등 전력산업에 사용되는 기자재 개발 및 제작·판매를 주된 사업으로 영위하고 있다.

발전소, 변전소, 철탑 등 전력산업 기자재 생산 전문업체

가공용 가스절연부하 개폐기

배전용 폴리머피뢰기

컷아웃스위치

건식형 변압기중성점접지리액터
(NGR)

전선휴즈

고장구간 자동 개폐기

지중저압접속함

지중용 가스절연부하 개폐기

〈그림 2-8〉 보성파워텍의 주요 생산품목   자료: 보성파워텍

보성파워텍은 송전 및 배전자재, 전기보호기기 등을 만드는 기업이다. 1970년 설립 이래 국내 전력시장을 중심으로 주된 영업활동을 영위하고 있다. 2016년 기준 제품군별로는 철구조물 45.2%, 플랜트 22.9%, 중전기 17.9%, 신재생에너지 14.0%의 비율로 매출을 올리고 있다. 주력 제품으로는 SF6가스 개폐기, 주상변압기, 송전철탑, 발전소용 철골 등을 충주공장 및 나주공장에서 생산하고 있다.

전력산업은 장기적으로는 국내의 건설 경기변동에 민감하게 반응하는 특성을 가지고 있으며 단기적으로는 전력수요가 많은 여름철은 성수기, 전력수요가 적은 겨울철은 비수기로 구분하고 있다.

〈표 2-9〉 보성파워텍의 주요 제품 현황

사업부문	품목	구체적용도	매출액	매출비율(%)
전력산업	전선퓨즈	저압수용가보호	978,156	1.30
	컷아웃스위치	주상변압기보호	3,012,526	4.00
	가스개폐기	배전선로개폐기	5,831,049	7.75
	주상변압기	배전선로변압기	2,165,731	2.88
	강관전주	배전선로지지물	2,103,161	2.79
	철탑	송전선로지지물	11,779,048	15.65
	관형지지물	송전선로지지물	9,116,328	12.11
	지중선자재	지중선로지지물	1,259,689	1.67
	가공선자재	가공선로지지물	3,095,156	4.11
	강구조물	건축용철구조물	18,627,349	24.75
	기타	송배전선로보호등	6,511,273	8.65
상품			10,778,172	14.32
합계			75,257,638	100.00

* 단위: 천 원   * 자료: 금융감독원 전자공시시스템(DART), 보성파워텍

성장이 정체된 사업분야를 신(재생)에너지 사업으로 대체하며 돌파구 찾아

보성파워텍은 최근 신재생에너지와 신에너지 사업에 전력투구하며 에너지밸리로 둥지를 옮겼다. 에너지밸리는 나주혁신도시를 포함해 나주혁신산단과 광주국가산단을 포괄하는 1천 만㎡의 지역을 일컫는 용어이다. 한국전력본사가 나주로 이전하면서 2020년까지 약 500개 기업의 입주를 목표로 조성되는 첨단에너지밸리이다.

이곳에 2017년 5월에 보성파워텍이 1호 기업으로 공장문을 열었다. 이 공장은 대지와 건평이 각각 1만3천㎡ 규모이다. 기존의 경기도 안산공장을 팔고 이곳으로 옮긴 것이다. 이 회사는 기존의 송·배전기기, 전기보호기기만으로는 성장에 한계가 있어 에너지신사업으로 사업구조를 바꾸고 있다.

에너지신사업에는 에너지저장장치(ESS)·전기차 급속충전기·태양광발전 사업 등이 포함된다. 아울러 전기차용 급속충전기 사업도 하고 있다. 2017년 6월에는 전기차용 급속충전기 개발을 완료하고 7월 국가통합인증 시험을 통과했다. 이후 전기차용 급속충전기(50kw급) 개발을 완료하고 환경부(환경공단), 한국전력공사 등 공공부문의 시장에 진출했다.

단기적으로는 주가상승 여력 약하지만 북한전력시장 개방되면 큰 수혜 가능

〈표 2-10〉 보성파워텍 주요 재무제표

구분	2015년	2016년	2017년
매출액	765	720	759
영업이익	18	−38	−64
순이익	7	5	−94

* 단위: 억 원. * 자료: 금융감독원 전자공시시스템(DART)

최근 이 회사는 매출액이 정체상태를 보이고 있다. 여기에 이익폭도 줄어들고 적자로 전환되고 있다. 2017년에 당기순손실이 94억 원에 이르고 있고 같은 기간 영업손실은 38억 원에서 64억 원으로 적자 폭이 68%나 증가했다. 같은 기간 부채비율은 오히려 감소하면서 그나마 재무안정성은 유지하고 있다.

〈표 2-11〉 보성파워텍 수익·안정성 관련 재무제표

구분	2015년	2016년	2017년
영업이익률	2.32	−5.26	−8.40
순이익률	0.88	0.65	−12.39
부채비율	94.83	37.11	46.63

* 단위: %, * 자료: 금융감독원 전자공시시스템(DART)

회사측은 매출원가 상승에 따라 단기적으로 수익성이 악화되었다고 밝혔다. 하지만 이는 장기적으로는 철탑 등의 수요감소에 따른 것인데 이중 절대 다수를 차지하는 철구조물의 수요부진에 대처하기 위해 이 회사는 에너지밸리에 입주하면서 재생에너지 분야에 전력투구하고 있다.

이 종목은 2018년 들어서 2천4백 원대의 주가가 5월 초 장중 한때 6천 원대를 돌파하면서 단기 급등을 한 후에 5천 원대 전후에서 가격대를 형성하고 있다.

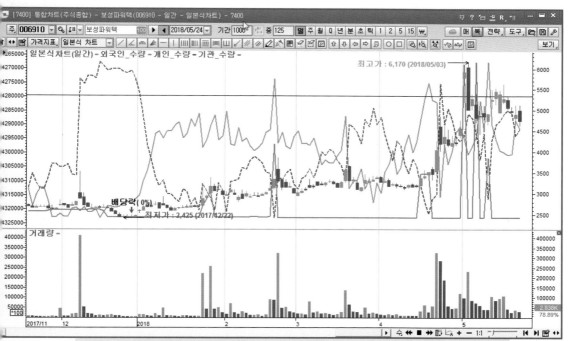

〈그림 2-9〉 2018년 들어서 상승하던 주가가 4~5월에 급등함
하락하던 주가는 2018년에 반등하기 시작해서 4~5월 무렵에 급등하고 있음.   자료: 대신증권

현재로는 개성공단 입주기업 테마주로 구분되고 있지만 장기적으로는 대북전기 관련 수요로 실적 향상이 가능할 것으로 분석되고 있다. 향후에 북한의 전력시장이 개방되면 개성공단 입주기업이라는 테마에 전력관련 테마로 동시에 묶이면서 큰 수혜가 가능한 것이다. 그럴 경우 지금의 주가 움직임과는 다른 추가적인 급등세를 이어갈 여지가 크다고 볼 수 있다.

05

자화전자

휴대폰 자동초점장치와
진동모터 분야 전문기업

회사 개요

- 자화전자는 본사인 자화전자 주식회사와 그 종속기업으로 구성된 통신기기용 부품 및 기타 부품을 생산, 판매하는 동종업종을 영위하는 기업임.
- 자화전자는 이동통신기기 제조업체, 레이저프린터 제조업체, 디스플레이 완성업체, 냉장고 에어컨 등 가전제품 제조업체 등에 자기 엔지니어링이란 원천기술을 기반으로 한 전자부품을 제조·납품하고 해외시장에 수출하는 업체임.
- 레이저프린터용 Magnet Roll의 독자설계 능력과 주요 원재료를 100% 국산화하여 조달하고 있음.
- Auto Focus용 초소형 Actuator는 휴대폰용 카메라 제품군의 3M 화소 이상급의 적용 증가에 따라 급격한 시장확대가 진행되고 있는 분야임.
- 매출구성은 통신기기용부품(AFA, 진동모터) 91.61%, 기타부품(OA부품, PTC, 기타) 8.39% 등으로 이루어짐.

자료: 금융감독원 전자공시시스템(DART), 와이즈에프엔

자화전자는 전자부품 제조업 등을 영위할 목적으로 1987년 2월에 설립되었으며 1999년 1월 유가증권시장에 상장되었다. 이 회사는 본사인 자화전자주식회사와 그 종속기업으로 구성된 통신기기용 부품 및 기타부품을 생산, 판매하는 기업이다.

휴대폰의 필수부품인 자동초점장치와 진동모터 등에 특화된 전문기업

자화전자의 대표적인 제품으로는 휴대폰 카메라에서 자동으로 초점을 맞춰주는 자동초점장치(AFA;Auto Focus Actuator)가 있다. 이 제품은 휴대폰용 카메라 제품들이 16M 화소 이상급의 적용 증가에 따라 급격한 시장확대가 진행되고 있는 분야이다. 이 회사의 Auto Focus용 Encode Type Actuator는 5M부터 16M까지 제품 라인업을 모두 갖춤과 동시에 대부분의 업체에서 유사하게 채택하고 있는 동작구조 및 조립구조에서 탈피하여 새로운 컨셉의 Auto Focus용 초소형 Actuator 구조이다. 또한, 3M 및 5M에서 단가경쟁력이 있는 CLAP TYPE VCM Actuator를 개발하여 2010년 하반기부터 양산, 납품하기 시작하였다.

특히, 최근에 출시되는 스마트폰의 주요 제품이 16M 화소 이상의 카메라폰뿐만 아니라 중저가형 휴대폰에도 이 회사의 OIS일체형 AFA가 채택되어 수량이 증가될 것으로 예상되고 있다.

또 다른 주력 품목인 진동모터(Vibration Motor)는 휴대용전화기, 무선호출기에 사용되는 최첨단 초박형 진동모터로써 소비전류절감 및 체감진동력을 강화한 제품이다. 형태별로는 Coin Type, 실린더 Type이 있으며 Coin Type을

1998년 6월에 국내 최초로 국산화 개발에 성공하여 국내 및 해외시장으로 납품처를 확대하고 있다.

최근에는 터치폰의 증가로 리니어모터의 매출증대가 기대되고 있다. 이에 베트남 현지법인의 저임금을 활용하여 생산하고 있으며, 원가 및 개발경쟁력을 통해 시장점유율을 확대하고 있다. 또한, 국제 환경규제법안 및 시장 요구사항을 반영하여 전 부품에 대한 환경유해물질을 규제하고 대체품을 적용하여 모니터링 함으로써 향후 환경문제 등에도 대비하고 있다.

BLDC Motor

Camera Module

Rare Earth Motor

PTC Thermistor

PTC Heater

Primary Charge

Developer Roller

Nd-Fe-B Magnet

〈그림 2-10〉 자화전자가 생산하는 주요 제품 　　　　　　　　　　자료: 자화전자

휴대폰시장 성장과 제품 고급화로 지속적인 매출신장 기대

자화전자의 주요 제품 현황을 보면 2017년 연말 기준 자동초점장치와 진동모터, 손 떨림 방지장치 등 휴대폰에 필수적으로 들어가는 제품의 매출비율이 91%가 넘고 있다. 그 외에 레이저프린터 복사기용 부품 등이 약 8.4%를 차지하고 있다.

〈표 2-12〉 자화전자 주요제품 현황

구분	품목	구체적 용도	매출액(비율)
통신기기용부품	AFA, 진동모터 OIS	통신기기용 자동초점장치, 통신기기용 진동모터, 통신기기용 손 떨림 방지장치	408,229(91.6%)
기타부품	OA부품, PTC, 기타	레이저프린터 복사기용, 자동차히터 및 회로보호용, 기타	37,402(8.4%)

* 2017년 12월 31일 기준(단위: 백만 원, %)   * 자료: 금융감독원 전자공시시스템(DART), 자화전자

이런 점을 볼 때 이 회사는 전 세계적인 휴대폰시장 성장의 수혜를 받아서 향후에도 성장성이 밝은 편이다. 이는 생산실적 및 가동률을 봐도 예상할 수 있다. 2015년 1억3천여 개의 생산실적과 77.1%의 가동률을 보였던 것이 매년 성장해서 2017년에는 2억3천여 개의 생산실적과 88.3%의 가동률을 보이고 있다. 매년 생산량과 가동률이 성장 일로에 있는 것이다.

〈표 2-13〉 자화전자 생산실적 및 가동률

사업부문	품목	구분	제31기	제30기	제29기
			수량	수량	수량
제조	통신기기용 부품	생산실적	218,466	148,550	117,448
		가동률	91.00%	85.0%	74.8%
	기 타	생산실적	12,488	15,232	20,117
		가동률	58.11%	70.8%	93.6%
합계		생산실적	230,954	163,782	137,565
		가동률	88.30%	83.4%	77.1%

* 2017년 12월 31일 기준(단위: 천 개)　* 자료: 금융감독원 전자공시시스템(DART), 자화전자

실적 개선 및 향후 전망에 비해 조정국면을 맞으며 저평가된 주가

생산실적과 가동률 증가에 비례해서 매출액과 함께 영업이익도 늘어났지만 영업이익률과 순이익률은 매출액 증가대비 늘어나지 않고 오히려 다소 정체되는 모습을 보이고 있다. 하지만 2018년에도 성장세는 지속될 것으로 예상되고 있으며 부채율도 다소 늘었지만 50~60%대를 유지하면서 안정적인 모습을 보이고 있다.

〈표 2-14〉 자화전자 주요 재무제표

구분	2015년	2016년	2017년
매출액	2,673	2,985	4,456
영업이익	242	193	279
순이익	208	149	249

* 단위: 억 원.　* 자료: 금융감독원 전자공시시스템(DART)

<표 2-15> 자화전자 수익·안정성 관련 재무제표

구분	2015년	2016년	2017년
영업이익률	9.05	6.48	6.26
순이익률	7.78	5.00	5.59
부채비율	45.24	49.92	62.46

* 단위: %, * 자료: 금융감독원 전자공시시스템(DART)

2018년 들어서도 2분기부터 수익성이 회복될 것으로 전망되고 있다. 프리미엄 스마트폰의 하드웨어 차별화 전략이 후면에 3개 카메라 및 3D센싱 카메라가 되면서 오토 포커스의 추가 매출이 가능하다. 또한 삼성전자의 오토 포커스 내부 생산물량을 외부에서 조달 추진하게 되면 자화전자의 점유율 증가도 기대할 수 있다.

이처럼 이 종목은 향후 실적 증가가 예상되고 있으며 남북교류 활성화로 개성공단 사업이 재개되면 수혜를 입을 것으로 예상되고 있다. 그에 비해서 주가는 2018년 들어서 오히려 조정국면을 맞이하면서 약세를 보이고 있다. 향후 남북교류가 가시화되고 다른 테마주 종목들의 거품이 빠지게 되면 새롭게 각광을 받으면서 추가적인 주가상승을 기대할 수 있을 것이다.

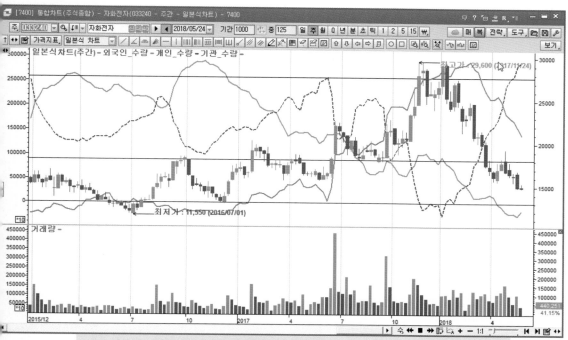

〈그림 2-11〉 2018년 초 고점을 찍고 조정국면을 맞이한 주가
등락을 반복하면서 고점을 높여오던 주가는 2017년 말~2018년 초에 고점을 찍고는 밀리면서 조정국면
을 맞이함.   자료: 대신증권

06

좋은사람들

'보디가드'로 유명한
속옷 브랜드 전문기업

**회사
개요**

- 좋은사람들은 메리야스 제조 및 판매업을 영위할 목적으로 1993년 5월 1일에 설립되어 연결대상 종속회사를 3개 보유하고 있음.
- 트렌드와 타깃에 따라 보디가드, 섹시쿠키, 예스, 돈앤돈스, 제임스딘, 리바이스 등 브랜드를 운영하고 있으며, 2012년도에 런칭한 SPA브랜드 퍼스트올로(1st OLOR)는 현재 활발한 매장전개를 진행하고 있음.
- 국내 내의시장은 동사를 비롯하여 신영와코루, 남영비비안, BYC, 쌍방울이 시장을 주도하고 있으며, 상위 5개사의 매출규모가 서로 비슷한 양상을 보이고 있음.
- 최근에는 업계 최초 IoT 융복합 '스마트이너웨어' 개발 및 상용화를 통해 액티브 시니어 및 B2B 시장을 적극 개척하고 있으며, 특히 여성의 생리기간 동안 착용 가능한 기능성 속옷 '똑똑한 위생팬티'를 출시함.
- 매출구성은 내의류 100% 임.

자료: 금융감독원 전자공시시스템(DART), 와이즈에프엔

좋은사람들은 메리야스 제조 및 판매업을 영위할 목적으로 1993년 5월에 설립되었고 1997년 11월에 코스닥시장에 상장되었다.

국내 패션내의 시장을 개척, 하지만 시장상황 정체로 밝지는 않은 전망

이 회사는 과거 '백물내의' 위주의 시장에서 '패션내의'라는 새로운 카테고리를 창출하고 기능성내의, 언더웨어 산업의 브랜드화를 선도했다. 소비자 기호가 점차 다양화됨에 따라 타깃과 트렌드를 세분화하여 보디가드, 섹시쿠키, 예스, 돈앤돈스, 제임스딘, 리바이스, 퍼스트올로 등의 브랜드를 운영하고 있다.

내의와 란제리 산업은 2000년대 중반까지 시장이 확대되었으나 이후 해외 생산에 기반을 둔 저가 제품군의 범람과 할인점, 아울렛, 온라인 유통에서의 소비패턴이 일반화됨에 따라 시장성장이 정체되어 있는 상황이다. 또한, 출산인구의 감소와 인구 고령화에 따라 생필품 성향의 내의류 제품은 향후 더더욱 시장이 축소될 것으로 예상되고 있다. 하지만 건강과 웰빙에 대한 관심의 증가, 뉴실버 및 액티브시니어로 대표되는 노년인구의 증가에 따라 기능성제품에 있어서는 새로운 수요가 창출할 것으로 기대되고 있다.

이 회사의 개성1공장은 원가절감을 위하여 개성공업지구에 설립한 공장으로 지분율은 100%인데, 이 공장은 지난 2016년 2월 정부의 개성공단 폐쇄방침에 따라 전면 가동중단 상태에 있다.

〈그림 2-12〉 좋은사람들의 주요 브랜드

〈그림 2-12〉 좋은사람들의 주요 브랜드　　　　　　　자료: 좋은사람들

실적 뒷받침 없이 단기급등 후에 급락으로 회귀하는 주가

2천원 대를 전후한 가격대에서 박스권을 형성해오던 주가는 2018년 들어서 남북교류 활성화로 인한 개성공단 재개 기대감에 큰 폭으로 상승하면서 4월 달에 장중 한때 9천 원대를 넘어서기도 했다. 하지만 이후 최대주주 변경과 북미 정상회담 취소 위기라는 악재를 만나면서 급락하기도 했다.

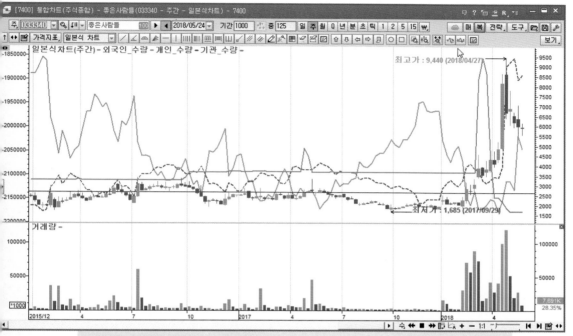

〈그림 2-13〉급등 후에 급락 분위기를 보이는 주가

최대주주 변경 공시 이후 주가가 큰 폭으로 하락하고 있음. 북미 정상회담 취소 가능성으로 추가 하락함.

자료: 대신증권

〈표 2-16〉좋은사람들 주요 재무제표

구분	2015년	2016년	2017년
매출액	1,240	1,266	1,193
영업이익	12	−42	−49
순이익	10	−42	−99

* 단위: 억 원,　* 자료: 금융감독원 전자공시시스템(DART)

매출액은 2015년 이후 정체상태를 보이고 있다. 여기에 더해서 영업이익과 순이익도 적자로 전환되어 수익성이 악화되었다. 2017년에는 순이익율이 −8.31%에 달하면서 큰 폭의 적자를 내고 있다. 부채비율은 30%대로 안정적이지만 향후 지속적인 수익성 악화는 결국 안정성에도 타격을 줄 것으로 분석되고 있다.

〈표 2-17〉 좋은사람들 수익·안정성 관련 재무제표

구분	2015년	2016년	2017년
영업이익률	0.98	−3.28	−4.14
순이익률	0.81	−3.30	−8.31
부채비율	34.96	32.27	39.30

* 단위: %, * 자료: 금융감독원 전자공시시스템(DART)

최대주주의 고점매도는 단기적으로는 투자 유의 신호

2018년 4월 25일 좋은사람들은 최대주주가 염덕희 지앤지인베스트 이사 외 4인에서 컨텐츠제이케이로 변경됐다고 공시했다. 염 이사와 지앤지인베스트는 보유 지분 20.76%(548만4,096주) 중 16.64%(439만4,922주)를 컨텐츠제이케이 외 3자에게 매각했다. 좋은사람들의 최대주주가 10년 만에 바뀐 것이다.

최대주주에서 살짝 내려온 것이 아니라 사실상 지분의 대부분을 판 셈이다. 최대주주가 주가상승 기간에 지분의 대부분을 넘겼다는 것은 이익실현에 나선 것이다. 이후 지속적으로 최대주주로의 지위를 누리기보다는 현재 주가가 상승했을 때 팔아서 수익을 남기겠다는 것이다. 최대주주의 이런 모습은 결국 향후 회사상황이나 주가상승에 대한 자신감 부족을 보여주는 것이라 할 수 있다. 이 종목은 이런 점을 염두에 두고 향후 회사내부적인 정보의 공시에 유의하면서 투자판단 여부를 결정해야 한다.

07

재영솔루텍
전기전자부품·금형·나노광학의 3대 사업부문

회사 개요

- 재영솔루텍은 금형기술을 기반으로 한 핸드폰 부품, 폰 카메라용 렌즈 등의 나노광학부품, 반도체 검사용 IC소켓부품 및 플라스틱 사출금형의 제조 및 판매를 주된 사업목적으로 하는 종합엔지니어링 회사임.

- 플라스틱 사출금형의 자동차 바디, 도어와 가전제품, 컴퓨터, 통신기기 등의 본체와 부품의 제조를 하고 있으며, 다른 금형에 비해 안정적인 수요기반을 가지고 있음.

- 동사의 보유기술은 고광택 금형기술, 직가공미세홀, STACK MOLD, E-MOLD, 2색 사출(2K mold) 등의 신기술이며, 독자적 금형생산 통합시스템도 개발하고 있음.

- CCTV, 자동차용 렌즈의 개발 및 양산을 하고 있으며, 액추에이터와 렌즈의 인프라를 모두 갖추고 CCTV, 차량용 카메라 등 다른 사업 영역으로의 확장도 추진하고 있음.

재영솔루텍은 1984년 12월에 설립되었고 2003년 1월에 코스닥시장에 상장되었다. 이 회사는 금형기술을 기반으로 한 핸드폰부품, 반도체 IC소켓 및 플라스틱 사출금형과 나노광학, 부품의 제조 및 판매를 주된 사업목적으로 하고 있다.

전기전자부품, 금형, 나노광학의 3개 사업부문으로 특화된 기술력과 제품라인

〈표 2-18〉 재영솔루텍 주요 제품 현황

사업부문	매출유형	품목	구체적 용도	주요 상표 등	매출액	비율
금형	제품	금형	자동차 및 가전, 플라스틱 사출금형 외	재영솔루텍㈜	40,580,148	30.6%
부품	제품 및 상품	단말기, 전자, 전기, 광학부품, 반도체검사용소켓	핸드폰플라스틱 외관제품 및 조립 ASS'Y 카메라 및 광학기기용 부품반도체 검사용 소켓 (BGA Burn-in TEST)	센싸타테크놀러지스코리아㈜ 등	28,239,263	21.3%
나노광학		AF모듈 등	핸드폰카메라모듈 외	삼성전자㈜ 등	63,732,433	48.1%
합계					132,551,844	100%

* 단위: 천 원   * 자료: 금융감독원 전자공시시스템(DART), 재영솔루텍

이 회사의 사업부문은 크게 금형, 부품, 나노광학으로 나뉜다. 매출비율은 금형이 30.6%, 부품이 21.3%, 나노광학이 48.1%로 구성되어 있다.

부품 사업부문은 금형, 성형 등 기구물의 전반적인 솔루션이 구축되어 있어 고객사로부터 일괄적인 수주가 가능하고, 보유 신기술을(NMT, Stack

자동차 내/외장 부품

〈그림 2-14〉 재영솔루텍의 주요 생산품목

자료: 재영솔루텍

Mold, E-Mold 등) 활용한 고객접근의 우위요소를 이용하여 수주의 극대화를 추진하고 있다. 또한 금형기술을 기반으로 휴대폰 및 컨넥터 테스트 소켓 등 정밀부품류의 생산에 주력하고 있으며, 주력 보유기술인 금형기술에 있어 국내 평준화가 어느 정도 실현되었으나 특수정밀 분야에서의 기술적 우위를 점유하고 있고, 반도체시장의 활성화에 따라 컨넥터 테스트 소켓류의 수주증가가 예상되고 있다.

금형 사업부문은 프라스틱 사출금형의 자동차 바디, 도어와 가전제품, 컴퓨터, 통신기기 등의 본체와 부품의 제조를 하고 있으며, 다른 금형에 비해 안정적인 수요기반을 가지고 있다. 보유기술은 고광택금형기술, 직가공미세홀, STACK MOLD, E-MOLD, 2색사출(2K mold) 등의 신기술이며, 독자적 금형생산 통합시스템도 개발하고 있다.

나노광학 사업부문인 휴대폰 카메라모듈 산업은 초기 설비투자가 대규모로 이루어지기 때문에 자금력이 많은 기업 외에는 시장 진입이 어렵고, 고급 기술력의 확보, 원재료업체 개발에 많은 시간이 소요되는 등 진입장벽이 높다. 또한, 광학계 설계, 금형제작, 비구면 유리 및 프라스틱 렌즈 제작, 플라스틱 사출물 제작, 렌즈 유닛 조립, AF 모듈 조립 등 광학계 설계에서 최종 제작까지 모든 공정기반과 기술을 보유하고 있어 고품질의 제품을 단기간에 저가로 공급할 수 있다는 장점이 있다.

특히 고화소, 고기능 광학모듈 제작에 있어 최고 수준의 경쟁력을 가지고 있는 것으로 알려져 있다. 또한 최근 시장이 확대되고 있는 CCTV, 자동차용 렌즈의 개발 및 양산을 하고 있으며, 액추에이터와 렌즈의 인프라를 모두 갖추고 모바일 카메라 시장 점유율을 급속하게 확대하고 있으며 CCTV, 차량용 카메라 등 다른 사업 영역으로의 확장도 추진하고 있다.

〈표 2-19〉 재영솔루텍 주요 재무제표

구분	2015년	2016년	2017년
매출액	1,641	1,388	1,326
영업이익	40	-2	-261
순이익	11	-49	-363

* 단위: 억 원.   * 자료: 금융감독원 전자공시시스템(DART)

이 종목은 2015년 이후 매출액이 줄어들면서 정체된 모습을 보이고 있으며 영업이익과 순이익은 큰 폭의 적자를 키워가면서 악화되고 있다. 2016년에 영업이익률(-0.17%)과 순이익률(-3.52%)이 적자로 전환되더니 이듬해인 2017년에는 각각 무려 -19.70%와 -27.38%로 급격히 악화되었다. 이에 부채율도 286%에서 832%로 껑충 치솟으면서 안정성 면에서 상당히 불안한 모습을 보이고 있다. 이에 2018년 들어서 구조조정과 비용절감 등에 나서고 있다. 5월에는 중국 계열사인 혜주솔루텍공업 유한공사 지분을 처분키로 결정했다고 공시했다. 회사 측은 재무구조 개선을 위해 누적손실이 발생하는 계열회사의 지분을 처분하고 핵심 역량사업에 집중하고자 한다고 밝혔다.

〈표 2-20〉 재영솔루텍 수익·안정성 관련 재무제표

구분	2015년	2016년	2017년
영업이익률	2.43	−0.17	−19.70
순이익률	0.69	−3.52	−27.38
부채비율	346.38	286.08	832.20

* 단위: %, * 자료: 금융감독원 전자공시시스템(DART)

이 회사는 개성공단 입주업체라는 대표적인 남북경제협력 종목으로 분류되며 남북 해빙무드가 조성될 때마다 상한가를 기록하는 등 높은 상승폭을 보이고 있다. 개성공단 입주업체로 남북관계 개선 시 수혜가 기대되기 때문이다. 하지만 이내 며칠 만에 다시 적지 않은 폭으로 하락하면서 뒷심 부족의 전형적인 패턴을 반복하고 있다. 다분히 단기적인 투기성향의 매매로 인해 짧은 급등 후에 지속적인 하락세가 이어지는 것이다.

이런 종목은 실적과 무관하게 재료에 의해 급등락을 보이는 전형적인 주가 패턴이기에 투자판단에 유의할 필요가 있다.

〈그림 2-15〉급등 후에 하락을 반복하는 주가

2018년 들어서 주가는 급등 후에 하락하는 패턴을 반복하면서 들쭉날쭉한 모습을 보이고 있음.

자료: 대신증권

08 인디에프

조이너스, 꼼빠니아 등 30년 넘는 장수 의류브랜드 보유

- 인디에프는 1980년 9월 8일에 설립되었으며 의류의 제조 및 판매 사업을 주 사업으로 영위함.
- 주요 상표 여성복으로는 조이너스, 꼼빠니아, 예츠, 예스비, 신사복으로는 트루젠, S+, 캐주얼 브랜드인 TATE 등의 브랜드를 보유함.
- 원단의 원부재료는 중국 등 해외조달을 확대하고 있으며 특수소재는 일본, 유럽 등 선진국에서, 생산은 국내외 외주가공업체와 개성공장에 외주하청 방식으로 운영 중임.
- 인디에프는 비효율 매장교체를 통한 수익성 개선효과 기대 및 직영 팩토리 아울렛 운영 등 판매유통채널을 다양화하고 거래처 다변화를 통한 원가절감 및 생산성을 향상시키고 있으며 오랜 브랜드 인지도로 고객의 충성도가 높음.
- 매출구성은 조이너스 27.19%, 테이트 24.2%, 꼼빠니아 19.04%, 트루젠 18.96%, 바인드 8.54%, 기타 2.07% 등으로 이루어짐.

자료: 금융감독원 전자공시시스템(DART), 와이즈에프엔

인디에프는 의류제조 및 판매를 목적으로 1980년 9월에 설립되었으며 1989년 6월에 유가증권시장에 상장되었다.

30여 년이 넘는 장수브랜드를 보유하고 한때 기네스북에 오르기도

여성복으로는 '조이너스', '꼼빠니아', 신사복으로는 '트루젠', 케쥬얼 브랜드인 'TATE', 편집스토어 'BIND'등의 브랜드를 보유하고 사업을 영위하고 있다.

이 회사는 문화데스크라는 이름의 회사로 시작해서 1982년에 나산실업으로 상호를 변경하고 이듬해에 '조이너스'를, 1989년에 '꼼빠니아'를 출시했다. 이들 브랜드는 30년이 넘는 장수브랜드로 자리매김하고 있다. 1994년에는 단일브랜드 최초로 매출 1천억 원을 달성하며 기네스북에 오르기도 했다.

〈표 2-21〉 인디에프 주요 제품 등의 현황

사업부문	품목	주요상표등	매출액	비율
의류	의류	조이너스	54,677	27.19%
		꼼빠니아	38,279	19.04%
		트루젠	38,116	18.96%
		테이트	48,668	24.20%
		바인드	17,180	8.54%
		기타	4,160	2.07%
		합계	201,080	100.00%

* 단위: 백만 원, %, * 자료: 금융감독원 전자공시시스템(DART), 인디에프

JOINUS

Urban Stylish Character Brand
도시 여성의 세련미와 내면의 여성상을
함께 표현하는 합리적 & 럭셔리 패션
라이프

http://www.e-joinus.co.kr

COMPAGNA

Refined Romantic Styling
부드럽고 세련된 Feminine 감성을
기본으로 절제된 도시 감각의 Life
Styling 제안

http://www.compagna.co.kr

YETTS

Chic, Stylish Character Casual
Not Formal & Not Limited
20,30의 감성과 개성을 만족시켜주며 도시적인
감각과 세련미가 돋.보이는 Mix & Match
Coordi료 Sexy Trendy를 제안

http://www.yetts.co.kr

TRUGEN

Smart & Comfortable Wear
합리적이고 실용적인
유럽감성의 캐주얼 웨어

http://www.trugen.co.kr

TATE

ysb

about y'sb
collection
play video
event
c/s

〈그림 2-16〉 인디에프 주요 브랜드

자료: 인디에프

악화되던 실적은 흑자로 전환되고 개성기업 테마라는 호재를 만나

〈표 2-22〉 인디에프 주요 재무제표

구분	2015년	2016년	2017년
매출액	1,958	2,029	2,011
영업이익	-50	-70	16
순이익	-59	-96	8

* 단위: 억 원, * 자료: 금융감독원 전자공시시스템(DART)

이 회사는 최근 매출성장세가 답보상태를 벗어나지 못하고 있다. 반면에 영업이익은 2015~2016년 연속 적자구조에서 2017년 들어서 흑자로 전환되면서 다소 개선되고 있다. 하지만 비율면에서는 영업이익률이 0.81%, 순이익율이 0.38%에 불과해 간신히 (+)로 턱걸이 한 셈이다. 부채비율은 2016년에 143%로 상승했다가 2017년에 113%로 낮아지는 모습을 보이고 있다.

〈표 2-23〉 인디에프 수익·안정성 관련 재무제표

구분	2015년	2016년	2017년
영업이익률	-2.56	-3.46	0.81
순이익률	-3.00	-4.72	0.38
부채비율	113.85	143.32	113.62

* 단위: %, * 자료: 금융감독원 전자공시시스템(DART)

이 종목은 2018년 2월 26일 김영철 노동당 중앙위원회 부위원장을 단장으로 한 북측 고위급대표단이 우리나라를 방문할 때 강세를 나타내기도 했다. 이후 3월부터 4월 말까지 등락을 반복하면서 고점을 높여가고 있다. 연초에 1천 원대 전후에서 형성되던 주가는 3천500원대를 넘기면서 3월 초 한때 투자경고종목으로 지정예고 되기도 했다. 이후 주가는 2천500원대까지 하락하면서 조정국면을 맞이하고 있다.

개성공단 테마주에 묶이면서 남북교류 기대감에 주가는 상승했지만 업종 특성상 성장세가 정체를 보이고 있는 점은 향후 추가적인 주가상승에는 부담으로 작용할 여지가 있다.

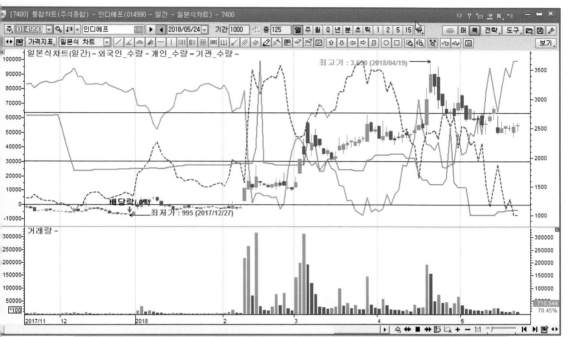

〈그림 2-17〉 2018년 연초부터 고점을 높여가는 주가

1천 원대를 오가던 주가는 2018년 들어서 3천500원대의 고점을 찍고는 조정국면을 맞고 있음.

자료: 대신증권

DMZ벨트는 설악산, 금강산, 원산, 백두산을 잇는 관광벨트 구축 및 DMZ생태·평화안보 관광지구 개발이 목표이다.

3부 ◦ 비무장지대(DMZ)가

평화의 상징으로, 평화공원 수혜 종목

DMZ벨트는 설악산, 금강산, 원산, 백두산을 잇는 관광벨트 구축 및 DMZ 생태·평화안보 관광지구 개발이 목표이다. 단기간에 가시적 성과가 있는 경제적 개발보다는 평화와 환경에 초점을 맞추고 준비되고 있는 프로젝트이다. 주로 생태 환경 보호사업과 평화·생태관광 거점으로의 육성 등이 거론되고 있는 상황이다. 특히 다른 사업들보다 정치적 상징성이 크기 때문에 다른 벨트보다 의외로 빨리 추진될 가능성도 있는 것으로 분석되고 있다.

비무장지대(DMZ) 주변으로 공장이나 석재같은 자원채굴 등을 위한 부동산을 가진 기업들이 많은데 이들 종목들이 향후 부동산가치 상승에 대한 기대감으로 주가가 크게 오르고 있다.

01 이월드

모회사인 이랜드가
강원도 고성 땅 100만 평 보유

**회사
개요**

- 이월드는 2005년 7월 4일을 기준일로 하여 주식회사 우방의 유희 시설사업부문이 인적 분할되어 설립된 기업으로 주로 국내에서 사업을 영위하고 있음.
- 테마파크 산업은 주5일 근무제와 대체휴일제도 도입 등으로 완만한 성장이 예상되나, 키즈카페, 대형쇼핑몰, 지자체행사 등 대체재의 지속적 증가, 가격경쟁 심화 등으로 시장 경쟁 상황은 더욱 심화되고 있음.
- 국내 유일의 타워와 파크가 어우러진 유럽식 도시공원. 춘계시즌의 명실상부한 지역 대표 꽃 축제로 자리매김한 '별빛벚꽃 축제'와 '100만 송이 튤립 축제'를 통해 1020세대 대상으로 경상권에서 벚꽃놀이 명소로 자리잡았음.
- 해외관광객 확대를 위하여 인바운드 여행사 및 대구시와의 협조 관계를 강화하고 있으며, 신규 어트랙션의 도입 및 콘텐츠의 다변화를 통한 다양한 즐길 거리를 고객들에게 제공하여 집객력을 높이고자 함.

• 매출구성은 티켓수입 74.1%, 식음료수입 13.61%, 기타 12.29% 등으로 이루어짐.

자료: 금융감독원 전자공시시스템(DART), 와이즈에프엔

이월드는 2005년 7월 우방의 유희시설사업부문이 인적 분할되어 설립된 기업이다. 이 회사는 1995년 3월 종합테마파크인 우방타워랜드가 개장하여 대구시민의 일상 문화휴식공간의 기능을 수행하였으며, 2005년 7월 우방으로부터 유희시설사업부문을 분할하여 우방타워랜드가 설립되었다. 2006년 7월 씨앤우방랜드로, 2010년 10월 21일 우방랜드로 변경하였으며, 2011년 3월 25일 이랜드 그룹의 계열기업군 통합 및 이미지 개선 및 경쟁력 확보, 영업력 강화를 위해 이월드로 사명을 변경하였다. 대구광역시 달서구 두류동에 본사를 두고 있으며, 주로 국내에서 사업을 영위하고 있다.

대구에 기반을 둔 테마파크를 운영하는 이랜드 그룹 계열사

1995년 3월 28일 개장한 이월드는 국내 유일의 타워와 파크가 어우러진 유럽식 도시공원으로서 타워에는 대구 시내 전경을 한눈에 내려다 볼 수 있는 전망대, 소중한 사람과 기념일을 함께하는 회전레스토랑 83그릴바이애슐리, 4계절 이용이 가능한 아이스링크 등이 있다. 파크에는 다양한 모험과 스릴을 즐길 수 있는 30여 개의 어트랙션, 유채꽃과 코스모스가 만발하는 플라워가든, 귀여운 동물을 만나볼 수 있는 동물농장, 도심 속에서 신나는 눈썰매를 즐길 수 있는 눈썰매장 등을 갖추고 있다.

이랜드그룹은 2018년 1월 4일 진행 중인 1조 원의 자본유치를 2018년 상반기 중에 마무리할 계획이라고 발표했다. 현재까지 앵커에쿼티파트너스 등에서 2천억 원의 자본유치를 확정했다. 외국계 사모펀드인 앵커에쿼티파트너스는 이미 1천억 원 납입을 완료했다. 총 2천억 원의 자본이 유입되어 이랜드그룹의 부채비율은 200% 이하로 떨어지게 되었다. 나머지 8천억 원은 상반기 내에 확정지을 방침이다.

〈그림 3-1〉 이월드 주요시설 소개   자료: 이월드

최근 입장객 증가로 흑자 전환 이후 크게 개선된 실적

이월드의 2017년 입장객은 전년도 177만 명보다 15만 명 가량 증가한 192만 명을 기록하여 입장객 기준 업계 내 4위에 해당하며 전국 10대 테마파크 중 가장 많은 입장객 성장률을 기록하였다. 이월드는 성장세를 이어가기 위해 주요 고객 라이프스타일을 철저히 조사했다. 이월드는 벚꽃축제(4월)나 빛축제(12월) 등 행사가 없는 달에도 자체적으로 콘셉트를 정하고 시기에 맞는 행사를 진행했다. 또한 다양한 먹거리와 캐릭터 머리띠, 화관, 벚꽃보틀 등 트렌드에 맞는 기념품을 개발해서 선보이기도 했다. 거기에 예능프로그램이나 영화 촬영지로 알려지면서 대구지역 외 고객비중이 2배 이상 성장했다.

이런 추세에 힘입어 2016년 순이익 흑자 전환에 이어 2017년에는 더욱 큰 성장세로 수익성을 개선하였다. 최근 추세로 볼 때, 꾸준한 상향곡선을 그리고 있어 단기적인 이벤트에 그치는 성과가 아니라 지속 가능한 성과라고 볼 수 있다.

〈표 3–1〉 이월드 주요 재무제표

구분	2015년	2016년	2017년
매출액	243	297	350
영업이익	5	43	67
순이익	−24	21	38

* 단위: 억 원,　* 자료: 금융감독원 전자공시시스템(DART)

2015년 이후 매년 매출이 큰 폭으로 증가하면서 적자였던 회사는 2016년에 흑자로 전환되었고 이후 흑자폭을 더해가고 있다. 이에 순이익률도 −10.04%

였던 것이 10.73%로 크게 개선되었다. 같은 기간에 부채비율은 75%를 전후해서 안정적인 흐름을 이어왔다.

〈표 3-2〉 이월드 수익·안정성 관련 재무제표

구분	2015년	2016년	2017년
영업이익률	2.12	14.42	19.09
순이익률	-10.04	7.00	10.73
부채비율	72.59	72.00	76.98

* 단위: %, * 자료: 금융감독원 전자공시시스템(DART)

모기업인 이랜드의 강원도 고성 땅 100만 평 덕에 DMZ테마주가 되어 주가 들썩여

그런데 대구에서 테마파크를 운영하는 이월드가 생뚱하게 왜 DMZ테마주로 묶여서 주가가 들썩이는 것일까? 강원도 고성 토성면 봉포리 일대 330만㎡(약 100만 평)정도의 토지를 이월드 모회사인 이랜드가 보유하고 있기 때문이다.

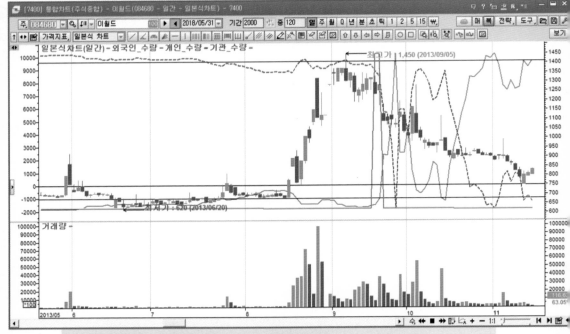

〈그림 3-2〉 평화공원 발표 이후 폭등 → 급락의 롤러코스터 주가

2013년 상반기 7백 원 전후에서 움직이던 주가는 평화공원 발표 이후 폭등해서 9월 초에는 한때 1천400원
을 넘기고 폭락함.
자료: 대신증권

2013년 8월 9일 남북합작회사인 평화자동차 사장의 DMZ(비무장지대)세계
평화공원 건설과 관련된 기자회견 이후 각종 정책루머가 조성되면서 이른바
'DMZ 테마주'가 형성되어 주가가 들썩였다. 박근혜 정부에서 통일준비위원
회 제2차 전체회의에서 DMZ 세계생태평화공원 조성계획의 실현을 강조하
면서 관심을 받기도 했다. 당시에 경기도 파주시와 강원도 고성군, 철원군 등
3개 지자체가 유치 건의서를 통일부에 전달했고, 경기도 연천군도 유치희망

의사를 밝힌 바 있다.

당시 2013년 상반기 7백 원 전후에서 움직이던 주가는 평화공원 발표 이후 폭등해서 9월 초에는 한때 1천400원을 넘기면서 두 배나 상승했다. 하지만 이런 상승세는 오래가지 못하고 이내 시들해지면서 폭락하고 말았다. 이후 2018년 문재인 정부에서 남북정상회담이 성사되자 주가는 2013년 당시와 비슷하게 짧은 기간에 급등했다가 하락하면서 롤러코스터 같은 주가 흐름을 보였다.

이처럼 이 종목은 자사의 이유가 아닌 모기업이 DMZ에 땅을 보유했다는 이유로 테마주로 묶여서 관련 사안이 불거질 때마다 주가가 들썩이고 있다. 향후 남북교류 활성화로 공원조성이 현실화되면 부근에 많은 땅을 보유한 이랜드의 가치상승과 관련 사업을 이월드가 유치해서 운영할 수 있다는 기대감으로 장기적으로는 투자전망이 밝은 편이다.

하지만 단기적으로는 이월드의 대구에서의 테마파크 운영에 의한 실적만이 반영된다는 점 때문에 주가가 롤러코스터 마냥 출렁일 여지가 앞으로도 큰 종목이다. 따라서 남북교류 사안 관련 투자시점에 따른 단기적인 주가변동에 유의해야 한다.

〈그림 3-3〉 남북정상회담 전후로 급등·폭락을 보인 주가   자료: 대신증권

02 **코아스**

DMZ부근 생산공장(부동산)을 가진 가구업체

회사 개요

- 오피스라이프 크리에이터, 코아스는 사람과 공간, 트렌드에 대한 이해를 바탕으로 30년 이상 쌓아온 사무가구 R&D 역량과 KOAS 위드 사무환경 컨설팅을 통해 고객이 필요로 하는 최상의 사무공간 구현을 목표로 함.
- 2016년 기준 동사의 사무용가구시장 점유율은 22%이며 퍼시스, 리바트, 보루네오와 함께 4대 메이저 업체 중 2위를 차지하고 있음.
- 크린시리즈(K100)라는 새로운 형태의 사무용시스템가구로 시장을 주도. 이후 밀레니엄시리즈(K200), 후레코시리즈 등의 사무가구와 학생용 스칼라 시리즈, 임원용 클라리스 시리즈 등 다양한 제품을 개발함.
- 서울 G20 정상회의에 정상용 상석의자로 선정된 BACH 시리즈와 사무용 의자 넷티스 등의 제품도 지속적으로 선보이고 있으며, 친환경 한지가구 제조특허를 취득하여 V6에 한지를 부착한 한지 시리즈도 개발함.

코아스는 1992년 7월에 설립되었으며 2005년 8월 유가증권시장에 상장되었다. 이 회사의 주된 사업은 가구제작 및 판매업, 사무용기기 제조 가공 및 판매업, 실내칸막이 공사 등을 하고 있다.

국내 4대 메이저 가구업체 중의 하나로 꾸준한 혁신 시도

〈표 3-3〉 사무용가구 4대 메이저 업체 점유율

제품명	회사명	2016년		2015년		2014년	
		매출액	점유율	매출액	점유율	매출액	점유율
사무용 가구	코아스	97,114	22%	95,420	20%	98,866	23%
	퍼시스	231,594	53%	243,624	51%	219,920	50%
	보루네오	32,433	7%	43,789	9%	24,955	6%
	리바트	72,615	17%	91,008	19%	93,200	21%

* 단위: 백만 원   * 자료: 금융감독원 전자공시시스템(DART), 코아스

국내 사무용가구 시장은 코아스를 비롯하여 퍼시스, 리바트, 보루네오가구 등 4대 메이저 사무용가구 전문업체와 소규모 가구제조업체 및 인테리어업체 등 수많은 업체들이 참여하고 있는 완전경쟁에 가까운 치열한 경쟁이 존재하는 시장이다. 하지만 대기업의 프로젝트 및 공공 조달시장의 입찰경쟁에서는

현실적으로 상위 메이저 업체들을 중심으로 경쟁이 이루어지는 과점시장이기도 하다.

즉 완전경쟁에 가까운 시장이므로 모든 기업이 참여할 수는 있지만, 품질, 디자인, 그리고 쉽게 공급 받을 수 있는 유통망이 필요하며, 이를 갖추지 못하는 업체는 타사와의 경쟁력에서 뒤떨어질 수 있다.

이런 시장에서 이 회사는 1984년 설립 이래 '최초'와 '혁신'으로 업계를 선도해왔다. 국내에 시스템 가구라는 개념을 최초로 도입한 회사로 현재까지 사무가구 업계 대명사로 군림한다. 시스템 가구는 사무자동화(OA) 기기와 함께 공간 효율, 업무 능률을 높이는 합리적인 동선까지 과학적으로 고려한 가구를 말한다.

2006년 가구업계 최초로 금탑산업훈장을 받았고 2010년에는 GSA(미국 연방조달청)의 자격을 획득해서 국내 가구업체 중 유일하게 전 세계 미국관공서와 군부대 납품자격을 확보하기도 했다. 또한 2012년에는 친환경 한지 사무가구 개발과 함께 공산품 개발을 위한 한지 규격화 사업을 최초로 시도하기도 했으며 최초로 조달청 자가품질 보증업체로 선정되기도 했다.

2017년에는 매출 1천억 원 돌파를 달성하며 새로운 도약을 꿈꿔

〈그림 3-4〉 코아스 주요 생산제품   자료: 코아스

코아스는 2017년에 신개념 사무공간솔루션 '인스파이어(INSPIRE)' 시리즈
와 사무용 의자 시리즈 '써클(CIRCLE)', 지난해 굿디자인에 선정된 '어메니티
(AMENITY)' 시리즈 등 신제품을 공식 출시했다. 인스파이어 시리즈는 차별
화된 구성으로 '열린 공간 속에 나만의 공간을 구성한다'라는 컨셉의 시스템
사무가구다. 국내 최초로 일반 데스크뿐만 아니라 전동식 높이조절 데스크를
대형 오픈 오피스에서도 메인 데스크로 활용해 직장인들의 건강까지 챙길 수
있도록 했다.

사무용 의자 시리즈 '써클(CIRCLE)'은 인체의 회전축과 의자의 회전축을 최대한 근접시켜 가장 자연스러운 등판 기울임을 구현했다. 이 제품은 2016 경기과학기술대전에서 기술력과 실용성, 내구성 등에서 높은 평가를 받으며, 경기도지사 과학기술 유공자 표창을 수상해 큰 관심을 모았다. 어메니티 시리즈는 2016년 굿디자인에 선정된 제품으로 흡음 기능의 패널을 포함하는 개인 모듈 시스템을 적용해 개인의 집중과 휴게 등을 위한 공간까지 배려했다.

이 회사는 최근 워크스마트 시대에 맞는 혁신형 사무환경 솔루션으로 주목받고 있다. 직장인들의 다양한 업무 스타일을 분석해 혁신형 공간플랜 '플로팅스케이프(Floating Scape)'를 제안, 물리적 공간에 묶여 있었던 전통적인 사무환경에서 진화해 사용자의 업무 형태에 따라 유동적인 공간 재배치로 기업과 구성원 모두가 즐겁게 일할 수 있는 사무 공간 디자인을 제공한다.

그 결과 2017년 창사 이래 처음으로 매출 1천억 원을 돌파했다. 2018년에는 '능률혁신, 두 배 되는 경쟁력'을 경영 캐치프레이즈로 정했다. 명확한 목표의식과 실천력으로 변화에 능동적으로 대처하고 근본적인 능률혁신으로 경쟁력을 높여나가겠다는 것이 회사의 새로운 비전이다.

〈표 3-4〉 코아스 주요 재무제표

구분	2015년	2016년	2017년
매출액	965	971	1,141
영업이익	-78	-35	7
순이익	-109	-77	-6

* 단위: 억 원, * 자료: 금융감독원 전자공시시스템(DART)

900억 원대에 머물던 매출은 2017년에 1천억 원을 넘기면서 새 지평을 열고 있다. 적자였던 영업이익도 흑자로 돌아섰지만 순이익은 아직 소폭의 적자를 벗어나지 못하고 있다. 여기에다 부채비율은 190%에서 234%로 상승하면서 안정성 면에서도 매출증가에 비해 다소 아쉬운 모습을 보이고 있다.

〈표 3-5〉코아스 수익·안정성 관련 재무제표

구분	2015년	2016년	2017년
영업이익률	−8.11	−3.60	0.58
순이익률	−11.26	−7.94	−0.49
부채비율	190.40	212.26	234.14

* 단위: %,   * 자료: 금융감독원 전자공시시스템(DART)

DMZ부근에 생산공장(부동산)이 있다는 이유로 공원조성 테마종목

남북경협주가 급등하는 가운데 파주에 부동산을 보유한 코아스도 영향을 받았다. 이 회사는 DMZ 근처에 생산공장을 보유하고 있어 대표적인 DMZ 공원 수혜주로 꼽힌다. DMZ 인근에 토지를 소유하고 있다는 이유로 평화공원이 조성되면 땅값 상승으로 수혜를 볼 것으로 기대되는 종목이다.

2013년 8월 9일 남북합작회사인 평화자동차 사장의 DMZ 세계평화공원 건설과 관련된 기자회견 이후 각종 정책루머가 조성되면서 급등했었다. 당시 8백 원대이던 주가는 금새 2천 원을 넘겼지만 이후 지지부진한 사업진행으로 이내 제자리로 내려앉았다. 특히 이 종목은 투기적인 투자자들이 몰려 엄청나게 많은 매매가 이루어지면서 매매회전율이 천정부지로 치솟았다. 매매회전율은 특정기간 동안 주식 1주당 몇 번의 거래가 이루어졌는지를 의미하는

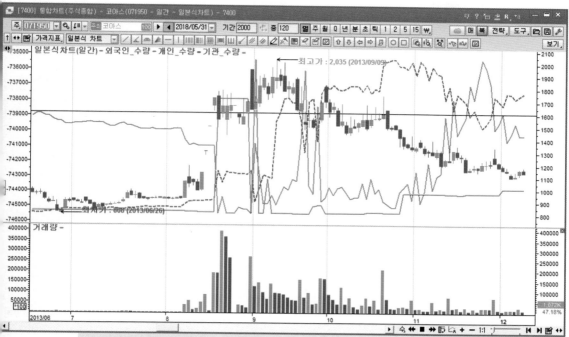

〈그림 3-5〉 2013년 평화공원 발표에 롤러코스터 모습 보인 주가
800원대의 주가는 2천 원을 넘기더니 이내 줄줄이 흘러내리는 롤러코스터 장세를 보이고 있음.
자료: 대신증권

데 매매회전율이 100%라는 것은 이 기간 동안 주당 1회의 매매가 이뤄졌다는
뜻이다.

이후 2018년 남북정상회담 전후로도 비슷한 패턴을 반복하고 있다. 거래량
과 함께 등락을 반복하면서 1천 원대를 갓 넘기던 주가는 2018년 3월부터 상
승세를 타서 3천150원의 고가를 찍고는 주춤하고 있다.

실적과 상관 없이 테마에 의해 출렁거리는 전형적인 테마주의 주가움직임

이다. 따라서 이 종목은 남북교류 관련 재료의 상황에 따른 급등락에 유의해서 단기적으로 투자시점을 조율해야 한다.

〈그림 3-6〉 2018년 남북회담으로 거래량과 함께 등락을 반복한 주가
1천 원대를 갓 넘기던 주가는 2018년 3월부터 상승세를 타서 3천150원의 고가를 찍고는 주춤하고 있음.
자료: 대신증권

03 일신석재

경기도 포천에 20년 이상 생산 가능 대규모 석산(石山) 보유

회사 개요

- 일신석재는 1971년 2월 26일 설립되어 건축석재 가공 및 판매, 석산 개발 및 채석, 석공사, 건축석 수출입, 석재공예품 판매 등의 사업을 영위하고 있음.
- 일신석재는 석재제조 및 유통업, 석공사업으로 사업부문이 구분되며 건축석 내외장재 제품을 생산·판매함. 또한 관급공사 및 1군 건설사를 상대로 석공사 물량을 수주하여 공사를 하고 있음.
- 본사 영업팀과 5개의 영업지점을 운영하고 있으며 이를 통해 내수시장 직판매가 이루어지며 세종시 4-1생활권 P3권역 석공사 등의 수주실적이 있음.
- 화강석 최대 생산단지인 경기도 포천에 연간생산량 약 2,000,000재(才) 규모의 석산을 보유하고 있어 관급 공사 등 대형공사에 자재를 원활히 공급할 수 있는 능력을 갖추고 있음.
- 매출구성은 석재제조 및 유통 66.03%, 석공사업 32.16%, 임대매출 1.81% 등으로 이루어짐.

자료: 금융감독원 전자공시시스템(DART), 와이즈에프엔

일신석재는 1971년 2월 설립되어 건축석재 가공 및 판매, 석산개발 및 채석, 석공사, 건축석 수출입, 석재공예품 판매 등의 사업을 영위하고 있다. 1986년 3월 유가증권시장에 상장되었다. 서울특별시 강동구 성내동에 본사, 경기도 이천에 물류센터, 경기도 포천에 포천석산(채석장)을 운영하고 있다.

건설부문 경기와 함께 가는 석재 건축자재시장 중에 유일한 상장회사

현재 국내 석재시장은 독점업체나 과점업체 없이 완전경쟁체제를 이루고 있으며 신규업체의 시장진입도 용이한 편이라고 볼 수 있다. 석재산업 영역 중 비교적 객관적인 분석이 가능한 석공사 영역을 예로 든다면 지난 1999년 건설산업기본법의 개정으로 건설면허가 허가제에서 등록제로 전환됨에 따라 전국의 석재시공 면허소지업체는 3천여 곳에 달하고 있으며, 이들 중 1백여 업체가 시공능력평가액 50억 원 이상으로 파악되고 있다.

2000년 이후 저가의 중국산 화강석 및 대리석 제품의 국내시장 점유율이 급속히 확대되었으며 유럽지역의 고급석에 대한 수요도 이와 병행하여 증가하였으나 2008년 세계금융대란 및 환율급등으로 증가세는 둔화되고 반대로 국내석의 수요가 증가하였다. 그 이후 2011년부터는 다시 유럽지역 고급석에 대한 수요가 점진적으로 증가하고 있는 추세이다.

현재 민간건설부문의 침체로 석재 건축자재 및 석공사 시장의 본격적인 경기회복은 좀더 시간이 걸릴 것으로 보여지지만 어려운 시장여건 속에서도 마감재료 고급화 및 천연재료의 선호경향은 최근 들어 다시 점차적으로 확대되고 있다. 이에 이 회사는 이 부문에 대한 특화를 계속적으로 추진하려고 하고 있다.

국내에서 생산되는 주요 석재는 대략 15여 종이며 가장 대표적인 것이 경기지역의 포천석이다. 포천석은 현재 10여 개 석산에서 생산되고 있고 석재 수요가 많은 대형공사에 무리 없이 조달될 수 있어 건축·토목용으로 인기가 높다.

일신석재는 석재업체 중 유일한 상장회사로써 화강석 최대 생산단지인 경기도 포천에 연간생산량 약 2백만 재 규모의 석산을 보유하고 있어, 관급공사 등 대형공사에 자재를 원활히 공급할 수 있는 능력을 갖추고 있다.

대규모 석산 보유로 생산능력은 좋지만 수익성은 최근에야 흑자 전환

〈그림 3-7〉 경기도 포천의 석산과 이천의 전시장   자료: 일신석재

포천 제1석산은 1981년도부터 개발을 시작으로 최근 5년 평균 2백만 재 이상 꾸준히 생산하고 있는 석산이다. 2014년도 9월 채석단지 지정으로 관보 고시되었으며 채석허가 면적이 280만㎡(약 84만여 평)에 달하고 향후 20년 이상 채석을 할 수 있어서 안정적인 공급기반을 확보한 석산이다. 특히 원석 품질이 우수하여 대형프로젝트 공사에 원활히 원석공급을 할 수 있는 유일한 석산으로 균일한 색상의 원석생산을 통해 대형 석공사의 하자를 최소화할 수 있는 석산이다.

포천 제2석산은 영업력 강화와 안정적 생산기반 구축을 위해 2013년 10월 인수한 곳이다. 채석허가면적은 73,730㎡(약 2만2천여 평)이고 연간생산량은 100만 재이다. 해발 80m까지 생산이 가능하며 인천국제공항, 세종문화회관, 국회도서관 등 국내 대형프로젝트, 관공서 위주로 납품을 하고 있다.

〈표 3–6〉 일신석재 주요 재무제표

구분	2015년	2016년	2017년
매출액	397	421	527
영업이익	−25	−26	10
순이익	−26	−22	2

* 단위: 억 원, * 자료: 금융감독원 전자공시시스템(DART)

최근 몇 년간 매출액은 성장세를 이어가고 있지만 손익은 적자를 기록하다가 2017년에 흑자로 전환되었다. 흑자를 낸 2017년의 영업이익률은 1.85%, 순이익률은 0.32%에 불과해 수익성은 그다지 양호한 편은 아니다. 부채비율은 55%를 전후해서 별다른 변동 없이 안정적인 수준을 유지하고 있다.

〈표 3-7〉 일신석재 수익·안정성 관련 재무제표

구분	2015년	2016년	2017년
영업이익률	-6.21	-6.20	1.85
순이익률	-6.52	-5.33	0.32
부채비율	53.31	55.57	53.30

* 단위: %, * 자료: 금융감독원 전자공시시스템(DART)

회사실적과 상관 없이 대규모 석산 보유로 DMZ테마에 따라 널 뛰는 주가

〈그림 3-8〉 2013년 평화공원 발표에 급등락을 보인 주가   자료: 대신증권

앞의 다른 DMZ테마주 종목들처럼 이 종목도 2013년 8월 9일 남북합작회사인 평화자동차 사장의 DMZ세계평화공원 건설과 관련된 기자회견 이후 각종 정책루머가 조성되면서 급등했었다. 당시 1천 원을 밑돌던 주가는 금새 1천700원을 돌파한 후에 하락세로 돌아서서 다시 1천 원대 아래로 회귀하고 있다. 이후 2018년 남북정상회담 전후로도 비슷한 패턴을 반복하고 있다. 1천500원을 하회하던 주가는 3천500원대까지 급등한 후에 하락세로 전환되어서는 주춤하는 모습을 보이고 있다.

이 종목도 앞의 종목들처럼 DMZ부근에 부동산을 가지고 있다는 이유만으로 사업실적과 상관 없이 주가가 남북교류 뉴스에 따라 등락을 하고 있다. 따라서 장기적으로는 부동산 가치상승에 대한 기대감에 기업의 가치상승이 예상되지만 투기자본에 의한 단기적인 주가 급등락에 유의해야 한다.

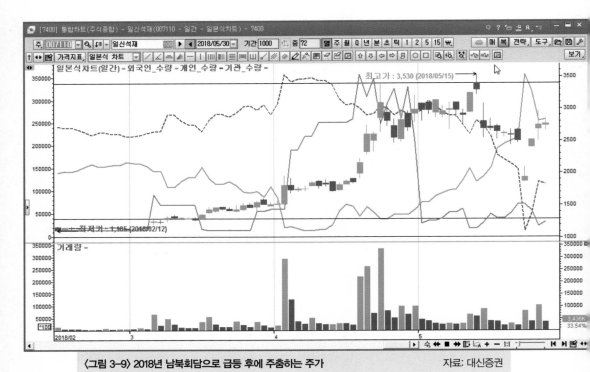

〈그림 3-9〉 2018년 남북회담으로 급등 후에 주춤하는 주가   자료: 대신증권

04

자연과환경

4대강 테마주, DMZ테마주로 연이어 변신

회사 개요

- 1999년 설립되었으며 지배회사인 자연과환경은 환경생태복원사업, 조경사업, 환경플랜트사업, 친환경 PC사업, 기타 건축공사업을 영위하고 있으며 종속회사는 조림사업, 조경 자재 생산 및 수출업 등을 영위하고 있음.

- 오염된 토양을 지정된 장소(반입시설)로 이동하여 정화할 수 있는 시설을 보유한 업체가 약 20여 개사로 반입장 보유에 따른 경쟁력을 확보하며 보유시설 허가기준(환경부)으로 전국 4위에 종속회사가 위치함.

- 조경·원예 부문의 주요 매출처는 국가기관인 국토관리청, 서울시청 등 공공기관이며 국가의 정책적인 방향에 영향을 받아 경기변동에 비탄력적이며, 안정적인 매출과 수익구조를 형성함.

- 동사의 지오그린 다공성 식생블록은 자동화 공장 대량생산 체계를 확립하여 기존의 콘크리트 제품에 비하여 가격우위의 제품을 적용할 수 있도록 하였음.

자연과환경은 1999년 7월에 설립되었으며 2005년 11월에 코스닥시장에 상장되었다. 환경생태복원사업, 조경사업, 환경플랜트사업, 친환경 PC사업, 기타 건축공사업을 영위하고 있다.

국내 최초 친환경 블록제조 관련 특허를 취득한 생태복원 전문기업

자연과환경은 국내 최초로 친환경 블록제조 관련 특허를 취득한 생태복원 전문기업이다. 회사 슬로건도 '후손에게 아름다운 자연을 물려주자'로 국내 환경생태 복원 분야에서는 선도적인 기업으로 알려져 있다.

이 회사의 주요 사업부문은 환경생태복원, 조경원예 사업부분 등이 있다. 환경생태복원은 생태(호안)블록 및 투수(보도)블록, PC저류조(Precast Concrete)를 제조·판매 및 시공하고 있다. 자연형 하천 조성사업 시장은 기존의 단순한 치수기능만을 수행했던 콘크리트 블록이 급격히 퇴조하고 정부의 정책방향이 친환경정책으로 선회하면서 이 회사 제품인 다공성 블록의 아류 제품들이 상당수 출시되고 있으며, 지방자치단체의 지역 내 제품을 우선 사용토록 함으로써 한정된 시장에서의 경쟁이 상당히 치열해지고 있는 상황이다.

조경사업은 종자 및 조경자재 유통, 조경공사, 조경식재 및 조경시설물 공사를 하고 있으며, 환경플랜트는 수처리, 오염정화(지하수, 호소, 토양), 해외 PLANT, 신자원화 등의 사업이 있다. 2005년부터 새롭게 시작한 골프장 시장에서 골프장 인허가 시 환경부문의 컨설팅을 통한 집중적인 영업활동을 펼쳤으며, 현재는 기존 골프장에 대한 추가적인 보수 등 관리차원의 영업을 진행하고 있다. 세계적으로 품질을 인정받고 있는 미국의 Jacklin사, Pennington사, Mountain View Seed사 및 Seed Research of Oregon사와 연계하여 기존의 골프장 시장을 공략하고 있다. 또한 자연과환경 자회사인 N.E.P(필리핀 소재)에서 직접 생산한 토양개량재, 코코넛블록(CDB) 등 기존 제품보다 품질이 뛰어나고 차별화된 자재의 품질로 조경원예시장을 공략하고 있다.

현장적용사례 : 하천·용배수로

진주사촌천

창원 신방소하천

현장적용사례 : 도로·보강토옹벽

분당 야탑천

파주 금촌천

대표횡단

시공전개도

대표횡단

시공전개도

〈그림 3-10〉 자연과환경 주요사업 및 제품   자료: 자연과환경

경영권 분쟁 등으로 휘청거리고, 수익성 악화로 고전 뒤에 재도전에
나서

〈표 3-8〉 자연과환경 주요 재무제표

구분	2015년	2016년	2017년
매출액	98	101	132
영업이익	4	−52	−44
순이익	3	−97	−68

* 단위: 억 원. * 자료: 금융감독원 전자공시시스템(DART)

이 회사는 2016년에 100억 원대 매출액을 돌파한 이후 증가세를 이어가고
있지만 손익은 오히려 적자로 전환되어 손실이 크게 늘어나고 있는 상황이
다. 이에 영업이익률이나 순이익률은 수십%의 (−)를 기록하면서 장부상의 문
제점을 드러내고 있다. 실재로는 다른 상황일 수도 있지만 재무제표상으로는
상당히 좋지 못한 수치에 의해 신뢰도가 추락한 모습이다.

이런 상황이 벌어진 이면에는 경영권 분쟁이라는 악재도 한몫했다. 자연과
환경은 2016년 8월부터 적대적 M&A세력에 노출되어 1년 가량 경영권 분쟁
에 시달렸다. 그 결과 2017년 6월 이후 일단락되었지만 이런 어수선한 분위기
로 인해서 상당기간 회사가 다소 주춤거린 면이 있다. 이런 부분은 2017년 재
무제표에서 수익성 악화라는 결과로 나타나기도 했다.

〈표 3-9〉 자연과환경 수익·안정성 관련 재무제표

구분	2015년	2016년	2017년
영업이익률	4.03	−51.37	−33.10
순이익률	3.20	−95.96	−51.10
부채비율	77.74	92.94	57.90

* 단위: %, * 자료: 금융감독원 전자공시시스템(DART)

이런 시련을 딛고 자연과환경은 본업인 환경정비 사업에 다시 박차를 가하고 있다. 최근 환경문제에 대한 관심이 어느 때보다 뜨거운 만큼 안정적인 경영권을 기반으로 생태복원 분야에 주력해 실적을 개선한다는 전략이다. 이를 바탕으로 2018년에는 실적개선을 위해 조경·수질·토양정화공사 등 여러 정비 사업에서 신규수주에 노력하고 있다.

4대강 테마주, DMZ(환경생태계 복원) 테마주 등 대선 때마다 엮여

자연과환경은 환경생태복원사업, 조경사업, 환경플랜트사업 등을 진행하고 있어 '4대강 테마주'로 분류되었다. 그러던 것이 최근에는 남북교류 활성화에 대한 기대감으로 DMZ관련 생태계 복원 테마주로 묶이면서 주가가 요동치고 있다.

자연과환경은 매번 정권교체기마다 대선주자들이 환경의 중요성을 강조하다 보니 대선 때마다 테마주로 편입되면서 투기적인 자본에 의한 주가 널뛰기 현상이 벌어지곤 했다.

이런 현상은 당분간도 지속될 것으로 보인다. 특히 남북교류가 활성화되면

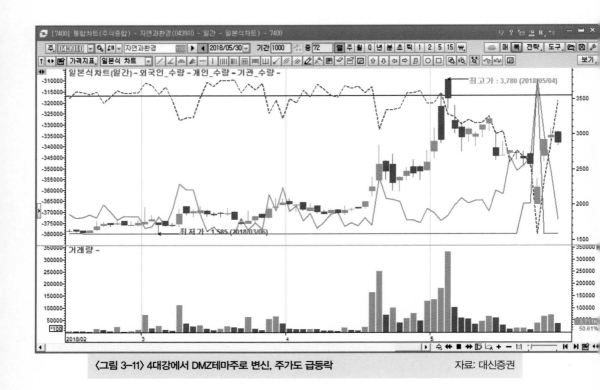

〈그림 3-11〉 4대강에서 DMZ테마주로 변신, 주가도 급등락　　　　　자료: 대신증권

서 DMZ활용에 대한 구체적인 플랜이 공론화되면 훨씬 큰 폭으로 주가가 요
동칠 여지가 있다. 게다가 경영권 분쟁 이후 안정적인 기업운영으로 수익성
도 개선되면 추가적인 상승세를 기대해 볼 수 있을 것이다.

05 시공테크

독보적인 전시·문화 시공능력과 자회사 상장 기대감

회사 개요

- 시공테크는 1988년 설립된 기업으로 박물관, 과학관, 전시관, 테마파크 등과 같은 전시물의 전시 및 인테리어 설계 등을 주 사업으로 영위하고 있음.
- 사업부문은 전시부문과 용역부문으로 구성되어 있으며 국립생물자원관, 서울역사박물관, 해남공룡전시관, 국립과학관, 2015 밀라노엑스포 한국관, 2017 아스타나엑스포 주제관 등을 수행함.
- 한·영 수교 200주년 기념관을 성공적으로 개관하여 박물관 전시기술이 최고라는 영국으로부터 기술력을 인정받은 바 있으며, 현재 중국시장에서의 영업력도 강화해 나가고 있음.
- 국내 특허 52건, 해외 특허는 17건을 등록하였으며, 이 외에도 실용신안 3건, 디자인(유사 디자인 포함) 10건, 상표 5건을 등록하였고, 현재 3건이 출원 중에 있는 등 모두 90건의 지적재산권을 보유 및 진행함.
- 매출구성은 재화의 판매 98.53%, 용역의 제공 1.47% 등으로 이루어짐.

자료: 금융감독원 전자공시시스템(DART), 와이즈에프엔

시공테크는 1988년 2월 설립되었고 1999년 8월 코스닥시장에 상장되었다. 창사 이래 현재까지 30년간 국내 전시문화산업의 발달사를 만들어왔다고 할 수 있을 만큼 수많은 전시문화사업을 수행하여 왔으며, 박물관, 과학관, 전시관, 테마파크 등과 같이 인간의 삶과 문화의 현장에서 창출된 지식과 정보를 보존하고 전시하는 전시문화산업을 하고 있는 기업이다.

전시문화 분야에서 최초를 거듭하며 30년간 독보적인 위치를 이어온 전문기업

한국을 대표하는 전시문화전문기업 시공테크는 창업 후부터 오늘날까지 한국 '최초'라는 수식어를 창출하며 성장을 지속하고 있다. 전시문화산업이란 세계의 수많은 박물관과 과학관 등에 채워지는 각종 전시물과 콘텐츠를 창조하는 비즈니스를 말한다.

시공테크는 한·영수교 200주년 기념관을 성공적으로 개관하여 박물관 전시기술이 최고라는 영국으로부터 기술력을 인정받은 바 있으며, 현재 중국시장에서의 영업력도 강화해 나가고 있다.

전시문화사업의 수주는 주로 계약이행의 전문성, 기술성, 창의성 등의 이유로 다수의 공급자로부터 제안서를 제출 받아 평가한 후, 협상절차를 통하여 낙찰자를 결정하는 '협상에 의한 계약' 체결을 통해 계약자가 결정되며, 이는 기술력의 차이에 의해 당락이 결정됨을 의미한다. 이에 시공테크는 수많은 전시 프로젝트를 수행하여 얻은 아이디어와 축적된 기술을 바탕으로 특허 부문에서 국내 특허는 52건, 해외 특허는 17건을 등록하였으며, 이외에도 실용신안 3건, 디자인(유사디자인 포함) 10건, 상표 5건을 등록하였고, 현재 3건이 출원 중에 있는 등 모두 90건의 지적재산권을 보유 및 진행하여 다른 기업과의 경쟁력에서 차별화를 하고 있다.

'서울올림픽 레이져쇼'로 시작하여 각종 박물관, 과학관, 전시관, 테마파크의 전시공간을 만들고 특수영상을 제작했다. 국립생물자원관, 해남공룡전시관, 거제포로수용소 테마파크, 국립과학관, 2010 상해엑스포 한국관 및 한국기업연합관, 2012 여수세계박람회 주제관, 2015 밀라노엑스포 한국관, 2017 아스타나엑스포 주제관 등이 작품이다. 그동안 이 회사의 손을 거쳐 만들어진 전시시설이 1천여 곳에 이른다.

카자흐스탄 아스타나엑스포
한국관
2017.해외

카자흐스탄 아스타나엑스포
주제관
2017.해외

카자흐스탄 아스타나엑스포
공동관
2017.해외

금산세계인삼엑스포
2017.충청북도

밀라노엑스포 한국관
2015.해외

인천공항홍보관
2018.인천광역시

포스코센터 내 종합전시관
2018.서울특별시

꿀벌나라체험관
2017.경상북도

〈그림 3-12〉 시공테크가 수행한 전시문화 공간   자료: 시공테크

코스닥시장 상장 예정인 자회사 아이스크림에듀(옛 시공교육)의 지분 32% 보유

시공테크는 2018년 계열사인 디지털교육업체 아이스크림에듀(옛 시공교육)를 코스닥시장에 상장할 예정이다. 아이스크림에듀는 시공미디어에서 2013년 '홈런' 부분만 따로 분리한 회사이다.

시공미디어는 한국 최대의 전시문화전문기업인 시공테크의 자회사이다. 시공미디어는 숨겨진 가치를 발굴하고 새로운 가치를 창출하며 창의, 인성, 협동, 글로벌리더십, 문화, 예술 등 균형교육을 추구하는 디지털 멀티미디어 전문교육기업이다. 동영상, 사진, CG, 3D애니메이션, 플래시 등 세계적 디지털 멀티미디어 아카이브를 구축하고 유·초등학생을 위한 플랫폼, E-Multimedia Publishing 등을 하는 디지털 교육 전문기업이다.

시공미디어는 교사대상 '아이스크림' 사업과 초등학생 대상 '홈런'사업을 했는데 아이스크림은 초등교사들의 필수 아이템으로 보급률이 99%에 달하는 것으로 알려져 있다. 또한 교사들이 이수해야 하는 연수서비스를 제공하는데 교육청 지원사업이라 지속적인 수익이 가능하다.

학교사업(i-scream)　　초등학습(아이스크림 홈런)　　유아교육(누리놀이)　　교육 쇼핑몰　　멀티미디어 콘텐츠 제작

〈그림 3-13〉 시공테크의 자회사 시공미디어의 사업영역　　　　　자료: 시공테크

아이스크림에듀의 '아이스크림 홈런'은 초등학생들이 학교공부와 연계한 디지털 멀티미디어 콘텐츠 기반의 통합 교육 서비스와 관리교사의 학습 코칭, 학습전용단말기를 결합한 국내 최초의 홈러닝 프로그램이다. 2013년 4월 시공미디어로부터 아이스크림 홈런 사업부를 분할하여 설립하였으며, 2017년 회사명을 (주)시공교육에서 (주)아이스크림에듀로 바꾸었다. 현재 시공테크가 보유한 이 회사의 지분율은 32.05%이다.

향후에는 미국 실리콘밸리에 법인을 세우고 인도에는 유아용 교육 서비스도 출시하는 등 해외 교육시장 공략에도 나설 계획이다.

실적과 DMZ수혜, 자회사 상장 등의 3박자로 향후 밝은 전망 기대

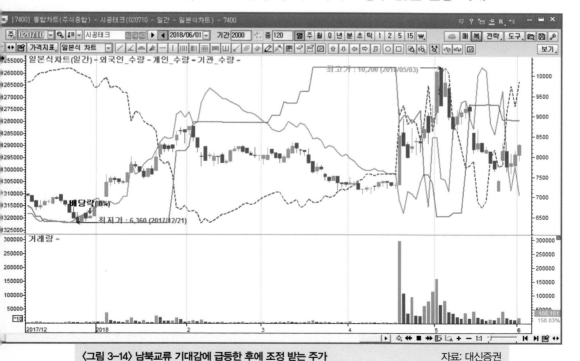

〈그림 3-14〉 남북교류 기대감에 급등한 후에 조정 받는 주가   자료: 대신증권

<표 3-10> 시공테크 주요 재무제표

구분	2015년	2016년	2017년
매출액	722	808	1,731
영업이익	-1	-86	149
순이익	11	-67	187

* 단위: 억 원, * 자료: 금융감독원 전자공시시스템(DART)

시공테크는 2015년과 그 이듬해에는 매출은 늘었지만 수익성 면에서 적자를 기록했다. 이후 2017년에 해외사업 호조로 3분기 누적 매출(1천409억 원)이 이미 전년도 매출(807억 원)을 크게 넘어섰다. 이 덕분에 2017년 영업이익이 149억 원으로 전년 대비 큰 폭으로 늘어나면서 흑자 전환했다. 매출액은 1천731억 원으로 110%가 넘게 증가했고 당기순이익은 187억 원으로 순이익률이 10.81%에 달했다. 이런 실적에 기초해서 결산배당으로 보통주 1주당 120원을 현금 배당한다고 별도 공시했다. 시가 배당률은 1.8%, 배당금 총액은 약 24억 원이다.

이 회사의 부채비율은 40%가 넘지 않고 있다. 한 해에도 수십 수백의 전시 문화업체가 생성과 소멸을 반복하는 업계현실 속에서도 무차입 경영의 건전한 재무상태를 실현하고 있다.

<표 3-11> 시공테크 수익·안정성 관련 재무제표

구분	2015년	2016년	2017년
영업이익률	-0.17	-10.59	8.58
순이익률	1.49	-8.35	10.81
부채비율	28.09	40.18	35.60

* 단위: %, * 자료: 금융감독원 전자공시시스템(DART)

향후 전시문화산업은 사업규모가 확대되어 가는 추세여서 수많은 프로젝트 수행경험을 토대로 한 시공테크의 기술력과 수주능력은 시간이 흐를수록 더욱 차별화될 것으로 기대된다. 특히 DMZ에 평화공원이 추진되면 시공테크가 가진 역량으로 인해 상당한 수혜를 볼 것으로 예상된다. 게다가 초등학교 교육서비스에서 압도적인 독점체제를 유지하고 있는 자회사인 아이스크림에듀가 상장될 경우 추가적인 가치상승이 기대되고 있다. 이런 이유로 중장기적으로는 실적과 DMZ수혜, 자회사 등의 3박자가 두루 맞아떨어지면서 지속적인 주가상승을 기대해 볼 만하다.

06

유진기업

레미콘시장의 독보적 지위와
파주 석산(石山)의 테마효과

**회사
개요**

- 유진기업은 1984년 6월에 설립되어 레미콘의 제조, 판매와 건설업을 주요사업으로 하고 있음.
- 유진기업은 구축물 등에 사용되는 레미콘을 생산·판매하고 있으며 시멘트 및 골재 등을 이용하여 건자재를 생산·판매하고 있음. 90분 이내에 도달할 수 있는 거리가 본 제품의 시장권역을 형성함.
- 레미콘 산업은 계절형 산업으로, 레미콘은 수요처인 건설산업의 동향에 지대한 영향을 받으며 봄과 가을에 수요가 급증하고 겨울철에는 수요가 급락하는 현상을 보임.
- 최근 건설경기가 주춤하여, 레미콘 시장 규모가 감소추세를 이루고 있지만, 꾸준한 주택 수요증가와 경기진작 효과를 가져올 대규모 토목공사가 이루어 질 것으로 예상되어 완만한 성장세를 이룰 수 있을 것으로 전망됨.
- 매출구성은 레미콘 74.21%, 건자재유통 22.16%, 기타 3.54%, 건설 0.09% 등으로 이루어짐.

자료: 금융감독원 전자공시시스템(DART), 와이즈에프엔

유진기업은 1984년 6월 호우물산이라는 명칭으로 설립되어 1989년 8월에 유진기업으로 상호를 변경하였고 1994년 9월에 코스닥시장에 상장되었다. 레미콘의 제조·판매를 주요사업으로 하고 있으며, 수도권지역 내외에 공장이 소재하고 있다. 파주에는 석산을 보유하고 있다.

국내 레미콘과 기초 건자재 분야의 1등 기업

레미콘(REMICON)이란 Ready Mixed Concrete의 약자로서 시멘트, 골재, 혼화제 등의 재료를 이용, 전문적인 콘크리트 생산공장에서 제조한 후 트럭믹서(Truck Mixer)또는 에지테이터트럭(Agitator Truck)을 이용하여 공사현장까지 운반되는 아직 굳지 않는 콘크리트를 의미한다.

레미콘은 지역형 산업으로 제품생산 후 레미콘 트럭은 90분, 덤프트럭은 60분 이내에 도달할 수 있는 거리까지가 영업권으로 국한된다. 레미콘 제품이 한시적이라는 특성으로 인하여 일반적으로 제품생산 후 90분 이내에 도달할 수 있는 거리가 본 제품의 시장권역을 형성하므로 지역형 산업의 특성을 강하게 가진다.

유진기업은 국내 최대규모를 자랑하는 레미콘 공장인 서서울공장을 비롯해 수도권을 중심으로 전국 31개 공장을 보유하고 있고, 전국적인 유통망구축, 최첨단설비와 자체 품질관리시스템을 기반으로 시장을 선도하고 있다. 한국표준협회가 선정한 'KS품질우수기업'에 2005년부터 3년 연속 선정되었고, 2007년 콘크리트 기술분야에서 업계 최초로 '대통령상'을 수상하는 등 기술력을 인정받고 있다.

〈그림 3-15〉 유진기업의 주요 사업부문
자료: 유진기업

전국에 퍼져 있는 공장과 DMZ테마주로 묶이게 만든 파주의 12만 평
석산

유진기업의 레미콘사업은 저발열 콘크리트와 고강도 콘크리트 등 특수콘
크리트 개발 및 상용화에 집중적으로 투자함으로써 국내 레미콘 산업의 기술
을 이끌고 있다. 전국 31개 공장에서 1천여 대의 운송차량을 보유하고 고객에
게 서비스를 제공하고 있다. 또한 원자재 수급 및 관리가 원활하도록 인천의
모래사업소와 파주석산 41만㎡(약 12만4천여 평) 등도 확보하고 있다. 이 석산
으로 인해 이 회사가 DMZ테마 종목으로 구분되는 것이다.

레미콘과 아스콘은 주재료인 골재의 수급과 품질에 따라 생산단가와 품질이 좌우된다. 면적 41만㎡(생산가능량 2천278만㎥)의 파주석산, 연간 36만㎥ 생산이 가능한 세종크러셔, 연간 250만㎥을 생산하는 모래사업소를 운영하고 있다. 이를 통해 만성적인 골재부족 현상을 겪고 있는 수도권 골재수급 안정화를 꾀하고 있고 회사의 성장동력으로서 역할을 하고 있다.

기존의 아스콘보다 내구성이 향상된 고내구성 아스콘과 친환경 포장으로 주목 받고 있는 '중온형 아스콘'의 생산기술력을 보유해 경쟁사보다 한 발 앞선 제품개발에 주력하고 있다. 한편 골재를 별도의 저장소(Silo)에 저장함으로써 균일한 입도를 유지하고 규격별 골재간 혼입과 이물질 투입을 방지해 최고품질의 아스콘을 생산하고 있다. 또, 임시저장 설비를 통해 소량의 물량도 상시 납품할 수 있는 시스템까지 갖추고 있다.

독보적인 시장 지위와 DMZ테마주 효과로 주가 강세 이어져

〈표 3-12〉 유진기업 주요 재무제표

구분	2015년	2016년	2017년
매출액	8,896	10,746	12,990
영업이익	542	967	1,076
순이익	129	607	847

* 단위: 억 원, * 자료: 금융감독원 전자공시시스템(DART)

매년 증가세를 이어온 매출액은 2016년에 1조 원대를 돌파하고는 2017년에는 1조3천억 원에 달하고 있다. 이에 따라 이익도 매년 증가했고 이익률도 증가하는 추세이다. 향후에도 지속적인 건설수요 증가로 실적은 증가할 것으로 예상되고 있다. 다만 부채비율이 130%대에서 갑자기 406%로 급증한 것은 재무제표상의 재무안정성 면에서 다소 우려가 되는 부분이다.

〈표 3–13〉 유진기업 수익·안정성 관련 재무제표

구분	2015년	2016년	2017년
영업이익률	6.09	9.00	8.28
순이익률	1.45	5.65	6.52
부채비율	133.55	134.51	406.47

* 단위: %, * 자료: 금융감독원 전자공시시스템(DART)

그럼에도 불구하고 이 종목은 레미콘 사업분야에서의 독보적인 시장지위와 파주에 있는 석산으로 인해 DMZ테마주의 수혜를 보면서 주가가 강세를 이어가고 있다. 이후에 다른 테마주 종목들의 거품이 걷힐 때도 이 종목은 이런 장점이 뒷받침이 되어 견고한 조정국면을 거치면서 향후 추가적인 상승세에 다시 올라탈 수 있는 확률이 높은 것으로 예상된다.

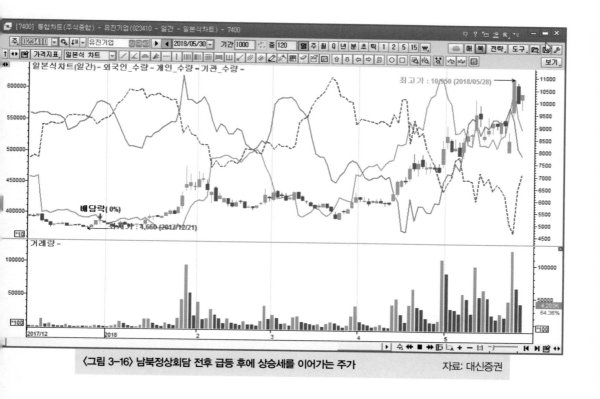

〈그림 3-16〉 남북정상회담 전후 급등 후에 상승세를 이어가는 주가

자료: 대신증권

07 유진로봇

이라크 자이툰 부대 폭발물제거 작업

- 1993년 설립되어 2001년 코스닥 시장에 상장하였으며 청소 로봇, 유비쿼터스 홈 로봇, 군사용 로봇, 엔터테인먼트 로봇과 완구 및 캐릭터 등을 주요사업으로 영위하고 있음.

- (주)유진로보틱스와의 합병 이후 지능형 로봇 등을 직접 제조해서 시장에 출시함.

- 로봇 기술개발이 공장의 생산자동화에 주로 사용되는 산업용 로봇 대상이었으나 향후의 발전 방향은 일반 소비자들이 직접 사용할 수 있는 지능형 서비스로봇이 그 주요 대상이 될 것으로 예측됨.

- 2011년도부터 필립스에 ODM(제조업자 개발생산방식)공급계약을 체결하여 현재 유럽 등 수출을 진행하고 있으며 향후 미국, 중국 등 전 세계시장으로 확대해 나갈 예정임.

- 매출구성은 완구부문 도소매 54.12%, 지능형 서비스 로봇 제조 45.62%, 기타 0.27% 등으로 이루어짐.

자료: 금융감독원 전자공시시스템(DART), 와이즈에프엔

유진로봇은 1993년 설립되어 2001년 코스닥 시장에 상장되었다. 청소 로봇, 유비쿼터스 홈 로봇, 군사용 로봇, 엔터테인먼트 로봇과 완구 및 캐릭터 등을 주요사업으로 영위하고 있다.

로봇제작 전문 기업

유진로봇은 로봇, 전기 및 전자부품의 판매 및 제조와 그 부대사업 일체를 영위하며, 로봇개발 및 제조전문 기술집약형 기업이다. 청소 로봇, 유비쿼터스 홈 로봇 판매를 시작하고 군사용 로봇, 엔터테인먼트 로봇류를 개발해 기존의 완구 및 캐릭터 사업부문과 더불어 경쟁력 있는 다양한 제품을 시장에 출시하고 있다. 아울러 유진로보틱스와의 합병 이후 지능형 로봇 등을 직접 제조해서 시장에 출시하고 있다.

주력 제품으로는 업계 선두의 위치에 있는 청소 로봇 '아이클레보'를 비롯, 세계 최초의 네트워크를 이용한 유비쿼터스 로봇 '아이로비큐'와 위험작업로봇 '롭해즈' 등 지능형 로봇과 전자 및 반도체 산업분야의 조립, 테스트 설비 및 자동화 산업용 로봇이 있다.

URC로봇 아이로비큐는 2006년 정통부 장관상인 대한민국 U로봇대상을 수상했다. 아이로비큐는 세계 최초의 네트워크기반 서비스 로봇으로서 집안 환경에서 자율주행이 가능한 국내 최초의 로봇이며 국내 최초의 HRI기술 및 컨텐츠 융합기술이 적용된 홈 로봇이며 세계 최초의 로봇전용서비스 저작도구에 기반한 로봇이다.

2011년도부터는 필립스에 ODM(제조업자 개발생산방식)공급계약을 체결하여 현재 유럽 등 수출을 진행하고 있으며 향후 미국, 중국 등 전 세계시장으로 확대해 나갈 전략을 추진하고 있다.

매출구성은 완구부문 도소매 54.12%, 지능형 서비스 로봇 제조 45.62%, 기타 0.27% 등으로 이루어져 있다.

〈그림 3-17〉 유진로봇이 개발한 주요 로봇제품   자료: 유진로봇

이라크 자이툰 부대에서 활약한 위험작업 로봇 롭해즈

과학기술부 신기술(KT)인증 및 NET인증을 받은 위험작업 로봇 롭해즈 (ROBHAZ)는 이라크 자이툰 부대에 투입된 제품이다. 한국과학기술연구원 (KIST)에서 공동 개발한 정찰·구조용 원격 조종 로봇 '롭해즈'는 이라크 현지 작전지역에 투입되어 자이툰 부대원들과 함께 6개월간 폭발물 제거와 위험지 역 수색·정찰 등의 임무를 수행했다.

민간용으로는 재난현장에서의 인명 탐색, 순찰, 위험물 탐지 및 제거 등을 담당하며 원격조종을 통해 40도 경사지역과 계단을 오르내릴 수 있고 무선 영상 데이터 송수신도 가능하다. '롭해즈'는 2005년 3월 미국 뉴올리언스대학 에서 열린 세계로봇경진대회 위험작업 부문에서 우승을 차지한 바 있다.

최근에는 롭해즈의 신형 버전으로 개발한 위험작업 로봇을 개발 완료해서 정부기관 등에 납품할 계획이다. 롭해즈 DT-5는 이라크 자이툰 부대에 파견 됐던 롭해즈 DT-3의 신형 버전이다. 상하 동일 구조로 설계되어 전복 시에 도 주행이 가능하고. 지면과 밀착되도록 설계되어 있어서 기존 버전보다 험 지 등판 성능이 크게 향상되었다. 또한 레이저 센서를 이용해 재난현장의 구 조를 파악하는 실시간 지도작성 기능도 갖추고 있다. 여기에 접이식 구조의 팔과 4대의 카메라, 온도센서 등을 활용해 현장상황과 희생자 상태, 위치를 확인할 수 있다.

현재 실적은 다소 아쉽지만 향후 가정용 로봇 및 DMZ지뢰제거 작업 로봇 전망은 밝아

〈표 3-14〉 유진로봇 주요 재무제표

구분	2015년	2016년	2017년
매출액	423	603	650
영업이익	4	−5	−13
순이익	−19	−35	−41

* 단위: 억 원.   * 자료: 금융감독원 전자공시시스템(DART)

최근 매출액은 점진적으로 증가하고 있는 추세이다. 반면에 수익성은 좋지 못하다. 2015년부터 순이익이 적자를 면치 못하고 있고 그 폭이 커지고 있다. 2017년에는 순이익률이 (−)9.65%에 달하고 있다. 부채율은 다소 줄어들어서 60%대 아래로 내려간 상황이다. 연구개발비 등으로 인한 연도별 수익성 반영에 의한 적자라 하더라도 당장의 실적은 다소 실망스러운 부분이 있다.

이런 점을 반영하듯이 주가 역시 2017년 연말에 상승했다 연초에 하락하고 다시 남북정상회담 전후로 상승했다가 다시 주춤하는 모습을 보이고 있다.

〈표 3-15〉 유진로봇 수익·안정성 관련 재무제표

구분	2015년	2016년	2017년
영업이익률	0.88	−0.80	−2.00
순이익률	−4.54	−5.77	−9.65
부채비율	98.35	110.43	58.00

* 단위: %.   * 자료: 금융감독원 전자공시시스템(DART)

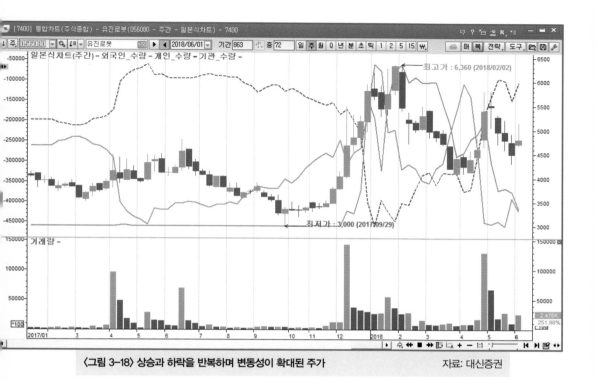

〈그림 3-18〉 상승과 하락을 반복하며 변동성이 확대된 주가   자료: 대신증권

　　로봇 기술개발이 공장의 생산자동화에 주로 사용되는 산업용 로봇 대상이
었으나 향후의 발전 방향은 일반 소비자들이 직접 사용할 수 있는 지능형 서
비스 로봇이 그 주요 대상이 될 것으로 예측되고 있다. 지능형 로봇사업은 고
부가가치 창출이 가능하고 산업전반의 파급효과가 막대하며 IT와 BT시장에
버금가는 시장으로 국가의 차세대 신성장 동력산업으로 선정되었다.

　　이런 밝은 시장전망 외에 이라크의 자이툰 부대에서 실전경험을 쌓은 로봇
은 향후 남북교류가 활성화되면서 DM부근의 안전확보를 위한 지뢰작업에

큰 역할을 할 것으로 평가되고 있다. 평화공원, 철도연결, 관광 및 기타 사업 수행에 있어서 가장 중요한 것은 안전이다. 따라서 이를 담보하기 위한 지뢰 탐지 및 제거작업은 필수선행 작업이 아닐 수 없다. 그런 점에서 유진로봇은 향후 상당한 수혜가 기대되는 종목이라 할 수 있다.

08

남북화해 분위기에 방산주에서 DMZ테마주(지뢰제거)로 변신 성공

**회사
개요**

- 퍼스텍은 1975년 설립된 후성그룹 계열사로서 유도무기, 항공우주, 해상수중무기 등을 생산하는 방위사업과 출입통제기 시스템, 근태관리기 등 얼굴인식 응용 솔루션을 공급하는 시스템사업을 영위함.
- 지상무기분야에서 한국형 전차(K1, K1A1), 구난·교량전차, 자주포(K55, K9) 및 자주포 지휘차량(K77), 상륙돌격장갑차(KAAV)의 생산, 정비 및 유지부품사업에 참여함.
- 화포분야에서 20밀리 발칸포 사격제어부 공급을 시작으로 정부주도개발(국방과학연구소)에 참여하여 1975년 방산업체 및 방산물자지정(산자부, 국방부)을 받으며 현재까지도 육·해·공 각 군에 납품 중임.
- 공항직원관리시스템, 통합관제시스템 및 생체인식 여권사업 등의 정부단위 프로젝트를 수행하고 있으며, 동시에 민간기업의 근태관리시스템, 출입자관리시스템 등을 기반으로 한 어플리케이션 납품을 진행함.

퍼스텍은 1975년 9월에 설립되어 1989년 5월 유가증권시장에 상장되었다. 방위산업 부문과 보안서비스 부문의 2개 사업부문을 가지고 있다.

주요 방산업체로 지정되어 국내 20위권 이내의 업체로 발전

국내 방위산업은 1973년 '방위산업에 관한 특별조치법(현 방위사업법)' 제정을 통해 방위산업육성 기본계획을 세워 자주국방의 기틀을 다지려는 계획 아래 무기체계의 국산화를 이룩하였으며 현재 101개의 방산 업체들이 사업을 영위하고 있다.

방산업체는 산업통상자원부장관이 방위사업청장과 협의하여 주요 방산물자 및 방위사업청장 지정물자를 생산하는 주요방산업체와 그 외의 품목을 생산하는 일반방산업체로 나뉜다. 퍼스텍은 현재 주요방산업체로 구분되어 있다.

1975년 9월에 회사의 전신인 제일정밀공업㈜가 설립되어 국가방위사업체로 지정된 이후 T-50, 수리온, 단거리지대지, 지대공 유도무기, K-9 자주포, K-10 탄약운반차 등 굵직한 체계사업에 참여, 다양한 분야에서 발사통제장비, 구동장치, 환경조절장치, 열교환기, 자동소화장치 등을 개발·생산하며 퍼스텍의 기술 및 품질을 인정받고 있다.

현재 국내 방위산업 시장은 101개의 방산업체 중 상위 20개사가 방산 전체 매출액 비중의 약 90% 이상을 점유하고 있다. 매출순위 상위업체로는 한화

〈표 3–16〉 방산업체 지정 현황

분야	주요 방산업체	일반 방산업체
화력 (11)	한화디펜스, 두원중공업, 한화테크윈, 미래아이앤지, 현대위아, S&T모티브, S&T중공업, 다산기공 (8)	동성전기, 진영정기, 칸워크홀딩 (3)
탄약 (9)	동양정공, 삼양화학, 삼양정밀화학, 알코아코리아, 풍산, 풍산FNS, 한일단조공업, 한화(8)	고려화공 (1)
기동 (14)	기아자동차, 두산, 두산인프라코어, 두산중공업, 삼정터빈, 삼주기업, 평화산업, 현대다이모스, 현대로템, LS엠트론, STX엔진(11)	광림, 신정개발특장차, 시공사(3)
항공유도 (19)	극동통신, 금호타이어, 다원프릭션, 대한항공, 쎄트렉아이, 퍼스텍, 캐스, 한국항공우주산업, 한국화이바, 한화테크윈, LIG넥스원(11)	단암시스템즈, 코오롱데크컴퍼지트, 데크카본, 성진테크윈, 유아이헬리콥터, 한국로스트왁스공업, 넵코어스, 화인정밀 (8)
함정 (12)	강남, 대우조선해양, 두산엔진, 삼강엠앤티, 성동조선해양, 한국특수전지, 한진중공업, 현대중공업, 효성, STX조선해양(10)	스페코, 테크플라워 (2)
통신전자 (20)	디에스티, 지티앤비, 비츠로밀텍, 한화시스템, 연합정밀, 이오시스템, 프롬투정보통신, 휴니드테크놀러지스, 현대제이콤, 빅텍, 우리별 (11)	경안전선, 삼영이엔씨, 석문전기, 아이쓰리시스템, 인소팩, 이화전기공업, 코리아일레콤, 미래엠텍, 티에스택(9)
화생방 (3)	산청, 에스지생활안전, 에이치케이씨 (3)	
기타 (13)	대양전기, 동인광학, 삼양컴텍, 우경광학, 유텍, 아이펙 (6)	대명, 대신금속, 대원강업, 도담시스템스, 서울엔지니어링, 은성사, 크로시스(7)
계 (101)	67개	34개

* 자료: 한국방위산업진흥회(2018년 3월 기준)

테크윈, LIG넥스원, 한국항공우주산업, 한화시스템 등이 있으며 한화, 로템, 풍산, STX엔진, 현대중공업 등이 뒤를 잇고 있고 퍼스텍은 20위권 이내를 형성하고 있다. 2007년 1천200평 규모의 기술센터를 건립해 R&D역량을 강화, 2014년 엔진시험실 준공을 통해 고객 서비스와 품질 신뢰성을 향상시켜 국내 업계 순위 10위권 진입을 목표로 기업경쟁력을 높여가고 있다.

국내 최초 안면인식 시장에 진출, 얼굴인식시스템 개발·운용

퍼스텍은 2003년 국내 최초로 얼굴인식 시장에 진출해 국내에서 가장 오랜 기간 동안 얼굴인식 사업을 영위해온 기업이다. 2015년에는 국내 최초로 모바일 안면인식시스템 '비전모바일'을 개발했고 안면인식 프로그램을 정부기관과 대기업, 제주공항 등에 공급해서 운영 중이다. 이 시스템은 모자를 쓰고 있어도 얼굴인식이 가능하다.

또한 최근 IT기기 제조업체들이 관련 서비스를 도입함에 따라 핀테크 관련 금융권과의 본격적인 상용화를 추진하고 있다. 국내에서는 국가 공공기관을 중심으로 얼굴인식 기술도입에 박차를 가하고 있는 추세이며 향후 다양한 곳으로 확산이 기대된다. 얼굴인식 기술은 안전성과 높은 보안성 등으로 인해서 다른 생체인식 기술보다 유망한 기술로 평가 받고 있다. 그래서 관련된 시장이 빠르고 넓게 확대되어 간다는 점에서 많은 주목을 받고 있다.

항공우주	유도무기	지상무기
해상수중무기	무인화사업	얼굴인식시스템

〈그림 3-19〉 퍼스텍의 주요 사업분야

자료: 퍼스텍

방산주에서 DMZ테마주(지뢰제거)로 변신, 남북교류 분위기에 주가 상승

앞에서 설명한 것처럼 퍼스텍은 원래 방산주이다. 남북화해 분위기에서 다른 방산주 종목들의 주가가 약세를 면치 못하는 가운데서도 강세를 이어갔다. 오히려 큰 폭으로 상승하면서 DMZ테마주로 분류되었다. 왜 그런 것일까?

2018년 6월 역사적인 북미정상회담에서 양국은 4개 항목을 합의했다. 그 중에는 전쟁포로 유골의 즉각적인 송환을 포함해서 전쟁포로와 실종자의 유해 복구를 약속한다는 내용이 있다. 이후 북한은 미군 유해 200여 구를 송환하겠다고 밝히면서 구체적인 송환절차에 착수하는 등 실무협상이 진행되고 있다. 이는 곧 조만간 한국전쟁 당시 치열한 전투가 벌어졌던 휴전선 인근에서 남북한 동시 유해발굴 작업이 확대될 수 있다는 것을 의미하기도 한다. 이 것이 제대로 실행되려면 DMZ의 지뢰제거 작업이 필수가 된다. 따라서 지뢰 제거와 관련된 로봇 등의 수요는 크게 증가될 것으로 예상된다.

DMZ의 비무장화가 현실화될 경우 지역 내의 무기나 병력을 빼내야 하는 만큼 지뢰제거 업체의 역할이 중요하다. 이 회사는 현재 국방과학연구소 등 과 함께 지뢰제거 로봇을 개발 중인 것으로 알려져서 이 점이 주가에 긍정적

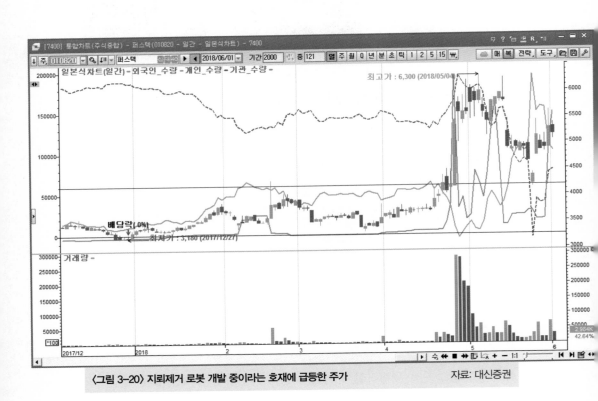

〈그림 3-20〉 지뢰제거 로봇 개발 중이라는 호재에 급등한 주가   자료: 대신증권

영향을 미치며 투자자들이 몰린 것이다.

또한 퍼스텍은 2012년 지식경제부의 로봇산업 원천기술개발사업 일환으로 수직이착륙 비행로봇시스템 개발에 나서서 2018년 2월 개발성공을 밝혔다. 이 제품은 1시간 30분 이상 체공과 150km/h 이상 최대속도로 비행이 가능하다. 특히 외부와 연결한 도킹스테이션은 비상시 개활지가 아닌 도로상에서도 비행체가 이착륙할 수 있기 때문에 무인항공기 운용효율성을 높일 수 있다. 활주로가 없는 지역에서도 운용할 수 있기 때문에 재난안전분야, 국방분야는 물론 실시간 동식물 분포현황 조사, 차량 추적 등 다양한 분야에 활용될 수 있을 것으로 예상되고 있다.

SCOBOT (다목적소형로봇)

폭발물처리시연　　　　　감시경계시연

Smart UAV

Fuel system　　Full Scale Structure Test

Ground Support Equipments

〈그림 3-21〉 퍼스텍의 무인화 사업분야 제품　　　　　자료: 퍼스텍

〈표 3–17〉 퍼스텍 주요 재무제표

구분	2015년	2016년	2017년
매출액	1,388	1,513	1,620
영업이익	19	5	11
순이익	25	−4	38

* 단위: 억 원, * 자료: 금융감독원 전자공시시스템(DART)

매출액은 최근 몇 년 간 꾸준한 증가세를 이어가고 있다. 반면에 수익성 면에서는 간신히 흑자를 유지하거나 다소간의 (−)를 기록하기도 하는 상황이다. 부채율은 170%대에서 144%대로 다소 감소하는 추세이다.

〈표 3–18〉 퍼스텍 수익·안정성 관련 재무제표

구분	2015년	2016년	2017년
영업이익률	1.34	0.30	0.66
순이익률	1.82	−0.24	2.33
부채비율	178.34	170.91	144.18

* 단위: %, * 자료: 금융감독원 전자공시시스템(DART)

퍼스텍은 2017년 11월 제43회 국가품질경영대회 시상식에서 10년 연속 대통령상을 수상했다. 전국품질분임조 경진대회는 전국 산업현장에서 혁신활동과 품질개선에 힘쓰는 분임조가 성과를 겨루는 산업계의 전국체전이다. 이 대회에서 10년 연속 대통령상을 수상했다는 것은 회사의 기술력을 인정 받는 값진 성과가 아닐 수 없다.

이 종목은 원래 방산주로 분류되어 남북화해 분위기에서는 약세를 보여야 정상이다. 그런데 무인화 사업부문의 다목적 소형로봇 개발 기술을 활용해서 지뢰제거 로봇을 개발하면서 DMZ테마주가 된 것이다. 의도했든 아니든 분위기 변신에 성공하면서 주가상승을 이끌어 낸 셈이다.

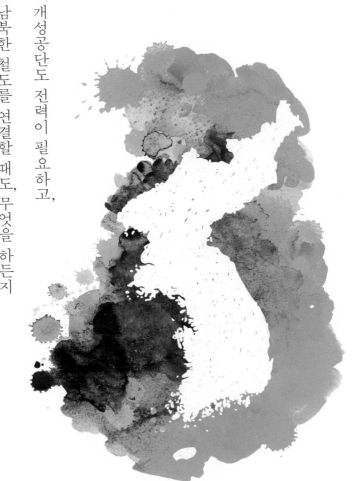

개성공단도 전력이 필요하고,

남북한 철도를 연결할 때도, 무엇을 하든지

발전과 전력망은 필수적인 인프라이다.

4부 ○ 북한에 전력을,
전력설비·송전 관련 수혜 종목

통계청 자료에 의하면 2016년 남한의 총 발전설비용량은 10만5,866㎿ (메가와트)로 북한(7,661㎿)의 14배 수준이다. 남한의 연간 발전량은 5만 4,040GWh(기가와트/시)로 북한(2,390GWh)의 23배에 달하며 전력생산량 면에서는 차이가 더 크게 벌어진다. 북한은 전체 발전설비의 61.4%가 수력이며, 나머지 38.6%가 석탄과 석유를 연료로 하는 화력발전이다.

북한은 연료부족에 더해 설비가 노후화되어 잦은 고장 때문에 발전설비를 제대로 가동하지 못하는 것으로 알려졌다. 북한도 이처럼 전력부족의 심각성을 인식하고 있기 때문에 향후 경제교류가 본격화하면 전력사업 협력을 우선으로 추진할 가능성이 크다.

또한 발전 외에 전력을 송전하는 전력망도 크게 부족한 실정이다. 이에 발전소 건설, 개·보수와 함께 전력망 구축에도 힘쓸 것으로 예상된다. 개성공단도 전력이 필요하고, 남북한 철도를 연결할 때도, 무엇을 하든지 발전과 전력망은 필수적인 인프라이다. 따라서 향후 이 프로젝트와 관련된 수요는 꾸준한 상승세를 이어갈 수 있을 것으로 분석되고 있다.

그럴 경우 국내 전력설비·송전 관련 종목들이 큰 수혜를 볼 수 있을 것으로 전망되고 있다.

대원전선

2년여간의 주가 하락 후에 빛을 보다

- 대원전선은 1969년 설립되어 전력 및 통신케이블(광케이블 포함)을 주력으로 각종 전선류를 제조·판매하고 있으며 전력선, 통신선, 절연선(자동차 전선 포함) 등을 주요제품으로 함.

- 국내 전선시장은 약 60여 개사가 참여하고 있으며 대형 3사(LS전선, 대한전선, 가온전선)가 높은 시장 점유율을 차지하고 있고 동사는 중상위권 중견업체에 소속되어 있음.

- 주력사업부문은 전선부문이며 절연전선이 가장 큰 매출비중을 가지고 있으며, 주요 종속회사인 대원전선(주)의 자체생산 매출도 꾸준히 증가하고 있음.

- 대원전선의 내부연구소를 통한 전차선(순동원형 110㎟외 5품명), MV TC UL 인증(5~35kV 난연케이블) 등의 연구개발실적이 있음.

- 매출구성은 전선제품 65.65%, 전선상품 33.48%, 가공 0.87% 등으로 이루어짐.

자료: 금융감독원 전자공시시스템(DART), 와이즈에프엔

대원전선은 1969년 11월에 설립되어 1988년 5월에 유가증권시장에 상장되었다. 이 회사는 생활용 전력 및 산업용 전력의 공급과 정보통신망 구축, 전기전자기기, 자동차, 각종 기계 등에 들어가는 전력 및 통신케이블(광케이블 포함)을 주력으로 각종 전선류를 제조·판매하고 있다.

국내 전선시장 60여 개사 중에서 대원전선은 중상위권 형성

전선은 일정 시점 간의 전기신호 또는 전기에너지를 전달하여 주는 매개체를 칭하는 것으로 품종, 규격에 따라 약 2만여 종에 달하고 있다. 국내 전선산업의 특징은 국가기간산업으로 생활용 전력 및 산업용 전력의 공급과 정보통신망 구축 등 각 산업과 밀접한 연관을 갖고 산업동맥의 역할을 하고 있다는 점이다. 또한 다품종, 다규격 제품으로 주문생산형 산업이고, 동·알미늄을 주소재로 하는 산업으로 국내 동수요의 70% 이상을 차지하며 시설투자 비중이 높은 장치산업이다.

국내 전선 수요의 관납(한전, 케이티)이 총수요의 30% 정도를 차지하고 있어 다른 산업에 비해 경기 변동의 영향이 비교적 적은 내수 위주의 산업구조를 갖고 있다. 하지만 국내의 건설경기 및 기업의 설비투자 등 관련산업의 경기변동에 영향을 받기도 한다. 최근에는 고부가가치 제품 위주로 수요가 점차 늘어날 것으로 전망되고 있다.

국내 전선시장은 현재 약 60여 개사가 참여한 가운데 대형 3사(LS전선, 대한전선, 가온전선)가 높은 시장 점유율을 차지하고 있으며 중견업체인 대원전선, 넥상스코리아, 극동전선 등이 중상위권을 형성하며 관납물량 중심으로 배정제가 확립되어 있다. 최근 일부 관납 경쟁 입찰부문과 시판부문에서 시장확보를 위한 업체 간 경쟁이 심화되고 있는 추세이다.

〈표 4-1〉 국내 전선관련 시장점유율(매출액 기준)

회사명	2017년도	2016년도	2015년도
LS전선	30,502	25,482	29,758
대한전선	14,654	12,012	13,604
가온전선	7,538	6,933	7,164
대원전선	4,956	4,109	4,315

* 단위: 억 원   * 자료: 금융감독원 전자공시시스템(DART), 대원전선

〈그림 4-1〉 대원전선의 주요 생산 품목과 설비　　　　　　　　　자료: 대원전선

2년여간의 하락세 이후 주가급등락

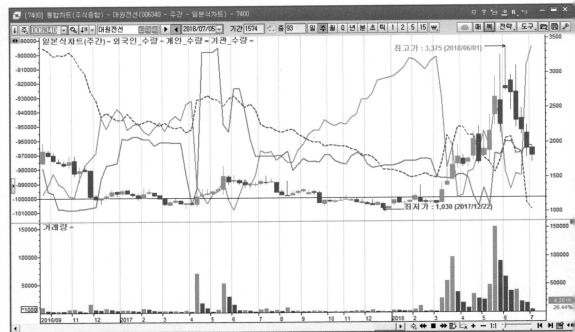

〈그림 4-2〉 2년여간 지지부진하다 남북정상회담으로 급등락하는 주가
2016년 이후 지지부진하던 주가는 2018년 들어서 남북정상회담 전후로 급등과 급락을 보여줌.

자료: 대신증권

2016년 이후 저점을 계속 낮춰가면서 지지부진한 움직임을 이어가던 주가
는 1천 원까지 흘러내리고 있다. 이후 2018년 들어서 상승하기 시작한 주가는
한때 3천300원대를 돌파하면서 3배 넘게 상승하고는 6월부터 이내 급락하면
서 1천 원대로 다시 주저앉고 만다. 반짝 폭등 후에 짧은 시세를 마감하면서
크게 출렁거리는 모습을 보이고 있다.

테마로 인한 과열 양상이 반영된 것이므로 단기적으로는 가격 변동성에 유의하면서 투자판단을 해야 하는 종목이다.

〈표 4–2〉 대원전선 주요 재무제표

구분	2015년	2016년	2017년
매출액	4,437	4,224	5,051
영업이익	98	72	10
순이익	35	21	16

* 단위: 억 원.   * 자료: 금융감독원 전자공시시스템(DART)

대원전선은 국내 건설경기 침체, 공공수요의 정체 및 전선시장 부진 등의 어려움을 겪으면서 2017년도 연결기준 전년대비 19.6%의 매출액이 증가한 반면에 86.5%의 영업이익 감소 및 26.5%의 당기순이익 감소가 있었다. 즉 겉으로는 외형적인 성장이 다소 있어 보이지만 내실을 보면 채산성이 상당히 악화된 것을 알 수 있다. 이런 점이 반영되어 같은 기간에 부채율은 164%에서 176%로 다소 상승하고 있다.

〈표 4–3〉 대원전선 수익·안정성 관련 재무제표

구분	2015년	2016년	2017년
영업이익률	2.22	1.71	0.19
순이익률	0.79	0.50	0.31
부채비율	164.14	171.13	176.28

* 단위: %,   * 자료: 금융감독원 전자공시시스템(DART)

이 종목은 실적으로 봐서는 테마주에 의한 반짝 효과로 주가 급등 후에 조정을 겪을 것으로 보인다. 그렇지만 외국인의 순매수비율이 늘어나고 있는 점은 이들이 중장기적으로 이 종목의 성장가능성을 밝게 본다는 것을 의미한다. 따라서 추후 외국인 매매동향에 유의하면서 투자판단에 나서는 것이 바람직하다.

02 선도전기
40여 년이 넘은
중전기기 전문업체

회사 개요

- 선도전기는 1972년 설립되었으며 1989년 유가증권시장에 상장되었음. 중전기기 전문업체로 발전, 송변전, 배전설비 등 제반 산업용 플랜트의 전력설비에 공급되는 각종 전력변환기기류를 생산·판매하고 있음.

- 주력제품으로 전기기기에 사용되는 수배전반, 전자식 전력량계, Relay Panel 등이 있으며 그 중 가장 큰 매출비중을 차지하는 수배전반의 경우 내수판매와 수출판매의 비중이 동일함.

- 전기변환기기류부문, 금융투자사업부문으로 구성되어 있으며 전기관련기기류 부문의 관련 생산실적의 경우 매년 증가하고 있음.

- 선도전기는 환경친화적 제품인 클러스터이온발생기와 전기집진기 등을 개발하여 환경보호에 힘쓰고 있으며 ISO9001/ISO14001에 의한 품질보증체제와 환경경영체제를 바탕으로 해외시장 개척에 노력하고 있음.

- 매출구성은 전기변환기기류 부문 98.31%, 운용투자 1.69% 등으로 이루어짐.

자료: 금융감독원 전자공시시스템(DART), 와이즈에프엔

선도전기는 1972년 1월에 설립되어 1989년 11월에 유가증권시장에 상장되었다. 이 회사는 중전기기 전문업체로 발전, 송변전, 배전설비 등 제반 산업용 플랜트의 전력설비에 공급되는 각종 전력변환기기류를 생산·판매하는 사업부문과 창업자 및 벤처기업에 금융투자를 하는 사업부문으로 구성된 기업이다.

40여 년의 역사를 자랑하는 중전기기 전문업체

전기변환기기류로는 발전, 송변전, 배전설비 등 제반 산업용 플랜트의 전력설비에 공급되는 각종 가스절연개폐기, 차단기, 보호계전기반, 제어시스템, 전자식 전력량계 등을 제작, 판매하고 있다. 또한 환경친화적인 제품인 클러스터이온발생기, 전기집진기, 음이온 발생기, 태양광발전설비 등 환경제품을 생산, 판매하고 있다.

산업용 전기기기제조업은 국내적으로는 그 수요가 설비투자와 국가의 전원개발 계획에 직결되는 국가기간산업이다. 중전기기산업은 전기에너지의 발생과 수송 및 이용에 필요한 기기 시스템을 제조하는 산업으로 기간산업인 전력산업을 뒷받침한다. 발전 및 송전, 배전에 관련되는 전력기기, 전력변환장치, 전동기 및 전동력 응용시스템, 감시장치 그리고 관련 응용시스템과 구성 부품이 중전기제품에 해당된다.

이 사업부문은 수요자의 주문에 의한 생산 및 유통구조를 가지고 있어 각각의 사양에 따른 다품종 생산이 이루어진다. 전력시스템산업은 국가전력망 구축에 필수적인 자본재 산업으로 제작에 많은 시간이 소요되며 안정성 및 신뢰성에 대한 장기간의 검증과 인증이 필요하다. 또한 설비의 수명진단 및 계통 보호, 분산발전 및 전력저장의 기술이 중요시 되는 추세로 제품의 친환경적, 대체 에너지적 측면이 시장에서 부각되고 있다.

내수시장 경쟁 심화와 소량다품종의 한계 극복을 위해 활로를 모색하는 관련 업계

현재 단순 기계식 부품 위주에서 고부가가치 산업으로 이전이 예상되고 있으며 이에 따라 고품질의 첨단화 제품에 대한 수요 및 고객의 요구가 높아지고 있는 추세로 내수시장은 경쟁 심화로 인하여 해외시장을 공략하고 있는

수배전반

25.8 kV GIS

보호계전기반

감시제어시스템

진공차단기, 진공접촉기

범전제품

환경제품

전기통신공사

〈그림 4-3〉 선도전기의 주요 생산품목과 생산설비   자료: 선도전기

추세이다. 중전기제품의 생산은 대부분이 주문에 의한 생산이다. 이에 따라 시장을 대상으로 한 대량생산에 어려움이 있고, 각각의 사양에 따른 소량다품종 생산이 이루어진다. 특히 대용량, 대형의 중전기기의 제조과정은 공장 자동화가 어렵고 고도의 기술 및 노동력이 요구되며 대단위 설비투자가 필요한 반면 투자의 회수기간이 길어 자본회전율이 낮은 특성이 있다.

매출 정체로 인한 수익성 악화, 2018년에 매출액 증가로 반전 노려

〈표 4-4〉 선도전기 주요 재무제표

구분	2015년	2016년	2017년
매출액	940	939	1,084
영업이익	57	23	15
순이익	43	22	17

* 단위: 억 원. * 자료: 금융감독원 전자공시시스템(DART)

최근 전력시스템의 경우 유가 및 주요 원자재 가격상승, 정부의 사회간접자본(SOC) 예산축소, 건설경기 침체 및 제조업체들의 설비 증설 감소로 이어져 현재 그 성장이 정체되고 있다. 선도전기 역시 최근 매출액이 정체 상태를 보이고 있으며 2017년에 다소 증가되었다. 반면에 이런 매출정체로 인해서 아직 흑자를 유지하고는 있지만 수익성은 지속적으로 악화되고 있는 추세이다. 그나마 부채비율이 70%대에서 견고한 움직임을 보이며 안정적이라는 점이 희망적이다.

선도전기는 SK건설주식회사와 2017년 9월에 47억 원 규모의 고성하이화력 1,2호기 전동기제어반 공급계약을 체결했다. 이는 2016년 매출액의 5%에 해당하는 규모이다. 계약기간은 2019년 2월까지이다. 2017년 11월에는 삼성전자와 고·저압반 공급계약을 체결했는데 계약금액은 57억 원이며 이는 2016년 매출액 대비 6%에 해당하는 규모이다. 계약기간은 2018년 2월까지이다.

이처럼 굵직굵직한 계약을 연이어 따내면서 2018년 실적 향상이 기대되고 있다. 실적 개선에 더불어 남북교류에 의한 수혜주로 구분되기에 2018년 하반기에도 주가는 조정 후에 추가적인 상승을 기대해 볼 만하다.

〈표 4–5〉 선도전기 수익·안정성 관련 재무제표

구분	2015년	2016년	2017년
영업이익률	6.01	2.41	1.36
순이익률	4.53	2.31	1.54
부채비율	72.90	79.88	75.41

* 단위: %. * 자료: 금융감독원 전자공시시스템(DART)

주주들의 손 바뀜이 잦은 가운데 주가등락도 심해, 투자에 유의해야

거래량도 거의 없고 주가등락도 없던 이 종목은 2018년 3월 들어서 거래량이 급증하면서 주가변동성도 큰 폭으로 확대되었다. 게다가 5월 한 달간의 매매회전율을 분석한 결과는 12일에 1번 꼴로 주식의 주인이 바뀐 것으로 나타났다. 또한 일 평균 주가변동률이 11.42%로 장중 주가등락이 상당히 심하게 출렁거리는 모습을 보였다. 회전율이 너무 높고 장중변동폭이 큰 종목들은 투기자본에 의한 휘둘림이 있다는 것을 의미하므로 투자에 주의가 필요하다.

같은 기간에 외국인의 순매수비율이 늘어나고 있다는 점이 다소 눈에 띈다. 이들이 이 종목에 대한 비전을 밝게 본다는 것이다. 하지만 앞에서 언급한 것처럼 단기적으로는 회전율·변동성이 너무 크다는 점을 간과해서는 안될 것이다.

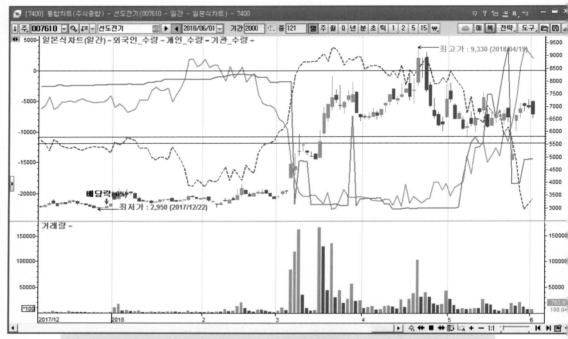

〈그림 4-4〉 2018년 3월부터 거래량 급증과 함께 주가 변동성 확대   자료: 대신증권

03 제룡전기

내진형 변압기로 새로운 시장을 개척

- 제룡전기는 1986년 설립되었으며, 변압기, 개폐기, GIS 제조 및 판매에 관한 사업을 영위하고 있음.
- 주요 제품은 배전선로에서 수용가에 전압을 조정하기 위해 사용되는 변압기이며, 공시대상 사업부문은 중전기사업부문 단일부문으로 구성됨.
- 2015년에는 이란 시장 등에 진출하여 수출실적 107억 원을 달성하였으며 전년 57억 원 대비 87.7% 신장하였고 이를 통해 1천만 불 수출의 탑을 수상하였음.
- 제룡전기는 초고압 시장 진입을 위해 170kV GIS를 개발 완료했으며 제품의 주요 수주처는 한국전력공사 및 한국철도시설공단임.
- 매출구성은 변압기 69.22%, 기타 제품 28.36%, 기타 상품 2.43% 등으로 이루어짐.

자료: 금융감독원 전자공시시스템(DART), 와이즈에프엔

제룡전기는 1986년 12월에 설립되어 1997년 8월에 코스닥시장에 상장되었다. 제룡전기는 변전, 배전, 철도 기자재를 생산하는 중전기기 전문제조기업이다.

국내 전기기기산업은 국가의 성장우선정책 및 그에 따른 각종 지원정책에 힘입어 양적인 팽창을 이루었으나 질적인 성장은 이에 미치지 못하여 글로벌 시장에서의 경쟁력은 다소 미흡하다고 볼 수 있다. 향후에는 에너지절약형 고효율기기, 친환경기기 등 고부가가치를 창출하는 특수산업분야가 시장을 주도할 것으로 전망되며, 이에 따른 업계의 대응력이 중요한 생존 요소로 부각되고 있다.

앞선 기술력으로 내진형 변압기 선보이며 관련 시장에 돌풍

제룡전기의 '내진형 변압기'는 2017년 9월 산업통상자원부의 NEP(New Excellent Product) 신제품인증을 획득함으로써 기술적인 완성도를 인정받았다. 같은 해 1월에도 중소기업청 성능인증과 조달청 조달우수제품으로 지정받은 바 있다. 이 회사는 또한 3,000kVA급 '내진형 고효율 아몰퍼스 몰드변압기'에 대해 한국기계연구원으로부터 내진설계 0.5g(지진가속도) 관련 시험에 합격하기도 했다. 이처럼 내진형 변압기를 내세우면서 관련 시장을 선도해나가고 있다.

제품 개발 직후에는 납품 실적도 활발하다. 경북 울주군 신청사(1,500kVA, 1,250kVA), 제주LNG 발전소 (1,500kVA, 1,000kVA) 등 수주에 탄력을 받고 있다. 이처럼 국내 변압기 시장을 대표하는 중견기업인 제룡전기는 국내 최초의 내진형 변압기를 내세우면서 시장에 돌풍을 일으키고 있다.

전력기기는 20년 가까이 수명을 보장해야 하기 때문에 미래를 보고 새로운

고효율 아몰퍼스 유입변압기(표준)　고효율 저소음 유입변압기(표준)　　일반 유입변압기(최저)

아몰퍼스 주상변압기　　　　　고효율 주상변압기　　　　　내염형 주상변압기

내진형 고효율 몰드변압기　지중매설형고체절연변압기(SIDT)　　철도형 단권변압기

〈그림 4-5〉 제룡전기가 생산하는 다양한 변압기 제품　　　　　　　자료: 제룡전기

시장을 열겠다는 각오로 연구개발을 해야 한다. 이에 수년에 걸쳐 개발한 제룡전기의 내진형 변압기는 내진설계 0.5g(지진가속도)로 일본 원전의 내진수준과 동일하며, 철도용 몰드변압기(0.2g), 국내 원자력발전소 내진 수준(0.3g)보다 높다. 또한 기존 제품과 크기 차이가 없기 때문에 간단하게 변압기 교체만으로 내진성능을 확보할 수 있다는 장점을 지녔다.

단기실적은 부정적, 신제품 매출 증대로 중장기적인 기대감은 높아져

〈표 4-6〉 제룡전기 주요 재무제표

구분	2015년	2016년	2017년
매출액	634	399	477
영업이익	32	−43	−12
순이익	36	−27	−6

* 단위: 억 원. * 자료: 금융감독원 전자공시시스템(DART)

2015년 대비 매출액은 큰 폭으로 줄었다가 다소 회복하고 있는 상황이다. 이에 2016년에 수익은 적자로 전환되어 2017년에도 이어지고 있다. 그나마 적자 폭을 줄인 것이 희망적이고 부채율은 20% 미만으로 상당히 견고한 모습을 보이고 있다.

2017년도 세계 중전기기 산업은 선진국들의 견제와 신흥개도국과의 가격 경쟁 등으로 수익성 확보 및 활로 개척에 어려움을 겪었으며, 국내 중전기기 산업도 새로운 경쟁업체의 시장진입과 원자재 가격 상승에 따른 채산성 악화

등 안팎의 악재로 인하여 실적 개선에 난항을 겪었다.

2018년도에도 선진국 중심의 보호무역주의 확산과 국내 건설경기 악화, SOC 투자 감소, 내수시장 침체 등으로 경영환경이 좋지 않으나, 신제품 중심 (내진변압기, 170kV GIS)으로 매출이 증가되고 있어 전년 대비 실적이 다소 개선될 전망이다.

〈표 4-7〉 제룡전기 수익·안정성 관련 재무제표

구분	2015년	2016년	2017년
영업이익률	4.98	−10.68	−2.51
순이익률	5.60	−6.75	−1.16
부채비율	22.74	23.06	17.70

* 단위: %, * 자료: 금융감독원 전자공시시스템(DART)

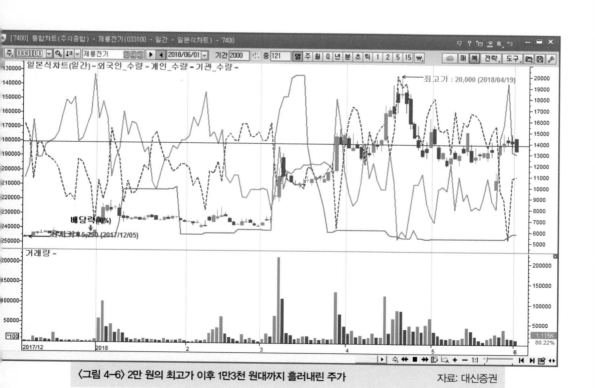

〈그림 4-6〉 2만 원의 최고가 이후 1만3천 원대까지 흘러내린 주가   자료: 대신증권

7천 원대 전후에서 움직이던 주가는 2018년 3월부터 남북화해 훈풍을 타고 2만 원까지 3배 가까이 상승했지만 이내 조정을 겪으면서 1만4천 원대까지 밀리고 있다. 단기적으로는 부진한 실적과 남북교류의 진행상황에 따라서 주가가 출렁일 것으로 예상되고 있다. 하지만 새로 개발한 내진형 변압기 등의 신제품 매출이 지속적으로 상승하면서 실적이 개선되면 남북경제협력에 의한 수혜와 더불어 주가상승에 탄력을 받을 수 있을 것으로 기대되고 있다.

04

비츠로테크

지주사 전환, 외국인 순매수
증가, 송전 수혜주

**회사
개요**

- 1968년 1월 30일 설립되어 전력기기 국산화를 이루고, 전기제어장
치제조 및 판매를 주요사업으로 영위하고 있음.
- 전력 생산, 공급에 필요한 전기제어장치를 개발, 제조 및 판매를 하는
전력기기사업과 플라즈마응용, 진공상태 초정밀접합, 특수공정 설계
등을 이용하여 각종 프로젝트 납품을 하는 특수사업으로 구성됨.
- 전력부문은 진공인터럽터를 독자 개발하여 현대중공업, LS산전과 더불어
중소기업에서는 유일하게 생산하고 있으며, 특수부문은 우주항공분야에
서 국내 최초로 액체로켓 연소기 개발과 제작에 성공했음.
- 2022년 순수 국내 기술로 발사예정인 KSLV-II에 적용 예정인 75톤급 연소
기·터보펌프·가스발생기·극저온배관을 제작하고 있으며, 플라즈마기술을
이용한 폐액처리사업과 KSTAR프로젝트사업에 참여하고 있음.
- 매출구성은 특수부문 45.05%, 전지부문 28.72%, 전력부문 26.23% 등으로
이루어짐.

자료: 금융감독원 전자공시시스템(DART), 와이즈에프엔

비츠로테크는 1968년 설립되어 2000년 8월에 코스닥시장에 상장되었다. 전기제어장치제조 및 판매를 주요사업으로 영위하고 있다.

전력기기사업과 특수사업, 전지사업 등 8개 계열사 보유

비츠로테크의 사업부문은 크게 전력의 생산, 공급에 필요한 전기제어장치를 개발, 제조 및 판매를 하는 전력기기사업과 플라즈마응용, 진공상태 초정밀접합, 특수공정 설계 등을 이용하여 각종 프로젝트 납품을 하는 특수사업, 일차전지를 제작하는 전지사업으로 구분할 수 있으며, 차단기 및 개폐기, 수배전반을 판매하는 전력기기사업을 주된 사업으로 영위하고 있다. 전력기기사업과 특수사업, 전지사업 등 8개 계열사를 보유하고 있다.

〈표 4-8〉 비츠로테크 계열회사의 명칭 및 상장여부

분류	계열회사명 (피출자회사)	출자현황 (출자회사)	영위업종	비고
관계회사 (테크계열)	(주) 비츠로셀	비츠로테크(35.09%)	축전지 및 일차전지 외	코스닥상장
	(주) 비츠로머티리얼	비츠로테크(100%)	피뢰기, 보호기 외	비상장
	(주) 비츠로밀텍	비츠로테크(96.87%)	일차전지 제작	비상장
	(주) 비츠로넥스텍	비츠로테크(100%)	항공기용 부품제조업 외	비상장
	(주) 비츠로이엠	비츠로테크(100%)	진공기기, 전력기기	비상장
	Innovative Power Technology Inc	비츠로테크 (50%)	전력기기 외	비상장
	EXIUM Technologies.inc	비츠로셀(100%)	고온전지판매	비상장

* 자료: 금융감독원 전자공시시스템(DART), 비츠로테크

이 회사 주요 제품은 차단기와 개폐기류 등의 전력 부품으로서 우리의 생활과 산업현장 곳곳에 전기에너지를 안전하게 공급하는 역할을 하고 있다. 국내 전력산업의 태동기에 설립되어, 60년간 기술적 불모지였던 국내 시장에 선진기술을 도입하여 보급함으로써 산업전반의 양적, 질적 성장을 이끌어 왔다.

또한 비츠로테크는 자회사인 비츠로셀, 비츠로밀텍 등을 통해 전지사업을 하고 있는데 군용으로 사용하는 리튬염화티오닐전지를 생산하고 있다. 이 제품은 무전기, 어뢰 등 군용장비 주 전원으로 쓰인다.

〈그림 4-7〉 비츠로테크가 생산하는 주요 제품　　　　　　　　자료: 비츠로테크

발전 일로의 국내 전력산업, 북한시장 개방되면 더 큰 시너지 효과 기대

전력기기 산업의 특성은 국민경제상 필수 에너지인 전력공급에 필요한 각종 장비·기기를 생산하는 국가기간산업으로 다품종·소량 주문생산 위주의 생산구조로 전반적인 경기변동에 민감하고, 전력공급망은 그 특성상 부분적인 고장에도 막대한 피해가 발생하므로 제품의 안전성과 신뢰성의 확보가 중요하다.

선진국이 기술을 선도하고, 후발국의 추격이 어려운 산업으로 제품의 수명이 길어(약 15년~20년) 기술변화의 속도가 느리고, 또한 초기 설비투자액이 크고, 설계·제작에 긴 시간이 소요되고 투자자금의 회수기간의 장기화 등으로 기술개발보다는 기술도입에 의존하고 있는 상황이다.

우리나라 전력산업은 국가경제의 급속한 발전에 따라 높은 성장세를 보여왔다. 1961년과 비교하면 고객호수는 79만호에서 2,233만호로, 호당 사용량은 1,492kWh에서 22,259kWh(2016년 기준)로 성장했으며, 전력판매량은 1,189GWh에서 497,039GWh(2016년 기준)로 418배의 폭발적인 성장을 이루었다. 최근 들어 1인당 전력소비량의 증가율은 1990년대 이후 점차적으로 둔화 추세이나 판매전력량 및 1인당 전력소비량, 고객호수는 꾸준한 증가를 이루고 있다.

이를 바탕으로 전력기기의 내수 수요가 지속적인 성장을 이루는 것을 알 수 있다. 이같은 내수 수요의 성장으로 인하여 2016년 말 현재 발전소에서 생산된 전력을 변전소까지 수송하는 송전선로는 1980년 대비 2.6배, 변전설비는 16배가 증가하였으며, 총 830개소의 변전소를 운영하고 있다.

이처럼 전력수요증가 요인 및 발전설비의 증가로 인해 국내 전력산업은 성장을 지속하여 왔다. 여기에 북한시장이 개방되면 관련업계는 엄청난 규모의 특수 수요를 맞이할 것으로 기대되고 있다.

지주사 전환, 외국인 순매수 증가, 송전 수혜주 등으로 주가상승

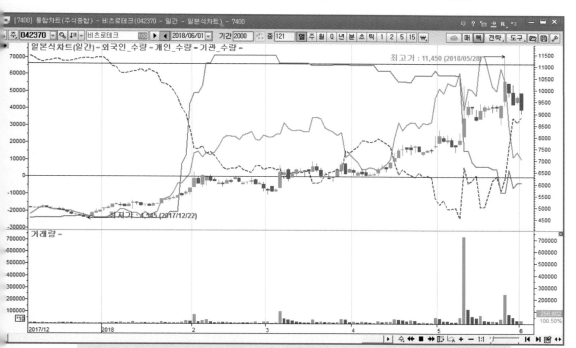

〈그림 4-8〉 외국인 순매수 증가와 함께 상승하는 주가   자료: 대신증권

거래량도 없고 5천 원 아래에서 주가 변동폭도 미미했던 이 종목은 2018년 들어오면서 찔끔찔끔 고점을 높여가고 있다. 그러던 것이 4월 들어서 가파른 상승세를 형성하고는 한때 1만1천 원을 돌파한 후에 다소 소강상태를 보이고 있다.

외국인은 2018년 들어서 야금야금 순매수 비중을 높여왔고 2018년 5월 한 달간 외국인이 12만주를 순매수 한 반면 기관과 개인은 순매도를 기록했다. 그후 외국인은 순매수비중을 축소해버렸다. 이 기간에 개인의 거래비중은 92.6%로 압도적이었다. 단기적으로 외국인의 순매수 비중 축소를 유의해야 할 것으로 보인다.

전력기기 시장은 초고압, 고압, 저압기기로 구분되며, 초고압·고압 일부시장은 송전·배전 선로의 한전독점체계로 연간·수시 입찰체계로 구성되어 있다. 반면, 고압 및 저압시장은 공공부문과 민간수요부문으로 구분되며, 공공부문 입찰은 단체수의계약체계에서 경쟁입찰체계로 변환이 되었고 민간수요부문은 특약점판매 및 직접판매로 경쟁체계를 유지하고 있다. 다수 경쟁 체계변화로 고품질 저가격 제품의 수요가 증대되고 있는 것이다.

〈표 4-9〉 비츠로테크 주요 재무제표

구분	2015년 6월	2016년 6월	2017년 6월
매출액	1,199	1,032	2,328
영업이익	10	−71	210
순이익	22	−73	439

* 단위: 억 원, * 자료: 금융감독원 전자공시시스템(DART)

이 회사는 2016년 대비 2017년 매출이 2배 이상 급증했고 이익도 적자에서 엄청나게 큰 폭으로 흑자 전환되었다. 구체적으로는 제51기(2017년 6월, 이 회사는 6월 결산법인임) 연결 기준 영업이익이 210억 원으로 흑자 전환되었다. 매출액은 2천348억 원으로 전년대비 128% 늘었고 당기순이익은 439억 원으로 전년대비 흑자 전환했다. 같은 기간에 부채비율도 115%에서 43%로 절반 이하로 뚝 떨어졌다.

어떻게 1년 만에 이렇게 엄청난 실적개선을 이룬 것일까? 그 이유는 진짜 실적이 아니라 장부상의 착시이기 때문에 가능했다. 해당 기간 중에 지주회사전환으로 인한 연결재무제표 작성에 따라 손익구조가 변경된 것이다.

이처럼 이 종목은 지주사 전환, 외국인순매수 증가, 송전 수혜주 등으로 주가상승의 단맛을 본 셈이다. 향후 전망은 실적 개선이 장부상이 아닌 실재 모습으로 드러나는 것에 의해 조정국면의 주가탄력 여부가 결정날 것이다.

〈표 4-10〉 비츠로테크 수익·안정성 관련 재무제표

구분	2015년	2016년	2017년
영업이익률	87.89	115.14	43.54
순이익률	1.86	-7.06	18.84
부채비율	87.89	115.14	43.54

* 단위: %, * 자료: 금융감독원 전자공시시스템(DART)

05

광명전기

샐러리맨의 신화,
신입사원에서 오너로

- 광명전기는 1955년 설립되었으며 수배전반, 태양광발전시스템, 임대사업 등의 제조, 판매, 용역제공 등을 주요 사업으로 영위하고 있음.
- 주력 제품은 수배전반, 태양광발전시스템시공, 개폐기 등이며 관련 원재료의 경우 국제계전, 신라철강, 바재케이블 등에서 매입하고 있음.
- 주요 사업부문은 수배전반 부문이며 관련 생산실적은 매년 감소하고 있었음.
- 수배전반 중전기 제조사업 외 Smart Grid 기술과 지능형 전력IT 사업으로의 확장으로 수처리 통합감시제어시스템, BUSDUCT, 개폐기, 차단기 및 철도와 원자력 발전 사업분야 등 다양한 제품군을 갖춤.
- 매출구성은 수배전반 93.75%, 태양광발전시스템 4.89%, 임대부문 1.18%, 전력매출 0.11%, 공사수익 0.08% 등으로 이루어짐.

자료: 금융감독원 전자공시시스템(DART), 와이즈에프엔

광명전기는 1955년 7월에 수배전반 제조·판매 등을 목적으로 설립되었으며, 1990년 9월 유가증권시장에 상장되었다.

수배전반, 태양광발전시스템 등의 사업으로 계열사와 성장 중인 광명전기

광명전기 및 계열사는 수배전반, 태양광발전시스템, 임대사업 등의 제조·판매, 용역제공 등을 주요사업으로 하고 있다. 광명그룹은 광명전기와 더불어 배전자동화단말장치(FRTU), 디지털보호계전기를 생산하는 피앤씨테크와 태양광발전시스템 개발·시공회사인 광명SG 등으로 구성되어 있다.

〈표 4–11〉 광명전기 종속회사 및 관계회사에 관한 사항(2017년 12월 31일 기준)

회사명	회사의 발행주식수	투자(보유)주식수	지분율	비고
(주)광명에스지	3,842,436	1,474,286	38.37%	액면가(500원)
피앤씨테크(주)	6,496,600	1,924,000	29.62%	액면가(500원)
(주)케이엠씨	430,000	290,000	67.44%	액면가(5,000원)
KNH솔라(주)	960,000	230,400	24.00%	액면가(5,000원)
동남태양광발전(주)	672,000	134,392	20.00%	액면가(5,000원)
광명태양광(주)	404,000	373,800	92.52%	액면가(5,000원)

* 단위: 주, % * 자료: 금융감독원 전자공시시스템(DART), 광명전기

〈표 4-12〉 광명전기와 계열회사의 사업별 부문

구분	법인명	주요재화, 용역	주요고객
수배전반 등	(주)광명전기	SWGR, 개폐기, 차단기 외	한국전력공사, 한국도시철도공사, 삼성전자, 삼성물산
	(주)광명에스지	SWGR 외	포스코건설 등 다수
	(주)케이엠씨	무역수입	POWER FILM 등
태양광발전시스템	(주)광명전기	태양광발전시스템 시공 등	한빛새싹발전소, 에스에너지
전력매출	광명태양광(주)	전력매출 외	한국전력공사
임대부문	(주)광명전기	부동산임대 및 임시동력기기 임대	튜너웍스코리아 등 일반법인

* 자료: 금융감독원 전자공시시스템(DART), 광명전기

한국전력은 에너지밸리 투자기업 중 광명전기를 산업통상자원부와 중소벤처기업부가 선정하는 '월드클래스 300' 기업에 선정했다. '월드클래스 300'은 산업통상자원부와 중소벤처기업부가 주관해 글로벌 성장 가능성이 높은 기업을 선정해서 5년간 R&D, 해외마케팅 등을 지원하는 글로벌 히든챔피언 육성 프로그램이다. 선정 대상은 수출 비중이 20% 이상인 매출 400억 원~1조 원 규모의 기업으로 최근 3년 평균 매출액 대비 연구개발 비용을 2% 이상 투자하는 기업이다.

광명전기는 배전시스템, 가스절연개폐기(GIS, E-GIS) 및 차단기 등을 주력 생산제품으로 2016년 6월 한전과 에너지밸리 투자협약을 체결하고 2017년 9월에 나주시 혁신산업단지에 생산공장을 신축했으며, 에너지밸리 투자를 기반으로 향후 에너지저장장치(ESS), 사물인터넷분야를 아우르는 전력전문기업으로 성장할 계획을 추진 중이다

〈그림 4-9〉 광명전기 주요 생산제품

자료: 광명전기

샐러리맨의 신화, 신입사원으로 입사해서 광명전기 오너에 오르다

광명전기의 이재광 회장은 원래 광명전기의 샐러리맨이었다. 그랬던 그가 지금은 이 회사의 오너이다. 그는 1982년 신입사원으로 입사하며 산업용 중전기기제작업체인 광명전기와 인연을 맺었다. 그 후 1993년 직접 경영을 해보기로 마음 먹고 회사를 나와 한빛일렉컴이라는 회사를 인수하면서 사업가의 길에 들어섰다. 인수 당시 매출 5억 원이었던 회사는 얼마 안 가서 열 배에 달하는 50억 원으로 성장했다.

이 기간에 이 회장이 직원으로 다녔던 광명전기는 외환위기 직격탄을 맞으며 1999년에 법정관리에 들어갔다. 이후 경영진의 횡령과 노동조합과의 소송 등으로 외우내환을 겪었다. 이에 이 회장은 한빛일렉컴을 매각하고 2003년에 광명전기를 인수했다. 신입사원으로 입사했던 그가 이번에는 오너가 되어 친정에 다시 발을 들인 것이다. 하지만 그 후에도 광명전기는 순탄치가 못했다. 적대적 인수(M&A)에 노출되면서 2년 넘게 경영권 분쟁을 겪었다. 이런 우여곡절을 치른 후에야 회사는 안정권에 들어서면서 오늘에 이르고 있다.

광명전기, 피앤씨테크, 광명SG 3각 편대를 내세워 새로운 도약에 나서

〈표 4-13〉 광명전기 주요 재무제표

구분	2015년	2016년	2017년
매출액	932	969	1,016
영업이익	93	36	22
순이익	89	112	−20

* 단위: 억 원, * 자료: 금융감독원 전자공시시스템(DART)

광명전기는 적은 폭이나마 최근 매출이 늘어나고 있다. 반면에 수익성은 2016년에 정점을 찍고는 2017년에 순이익이 적자로 전환되고 있다. 이에 부채비율도 49%에서 58%로 소폭 상승하고 있지만 안정성은 양호한 편이다.

〈표 4-14〉 광명전기 수익·안정성 관련 재무제표

구분	2015년	2016년	2017년
영업이익률	10.03	3.73	2.16
순이익률	9.54	11.56	−2.02
부채비율	49.67	49.91	58.22

* 단위: %, * 자료: 금융감독원 전자공시시스템(DART)

2016년 10월 전후 거래량 폭등과 함께 4천 원대를 돌파했던 주가는 이후 하락세로 돌아서면서 흘러내리고 있다. 2천500원대를 하회하면서 거래량도 변동폭도 쪼그라들었던 것이 2018년 봄이 되면서 활짝 만개하고 있다. 한때 5천500원을 찍은 주가는 이후 4천 원대에서 횡보를 하고 있다.

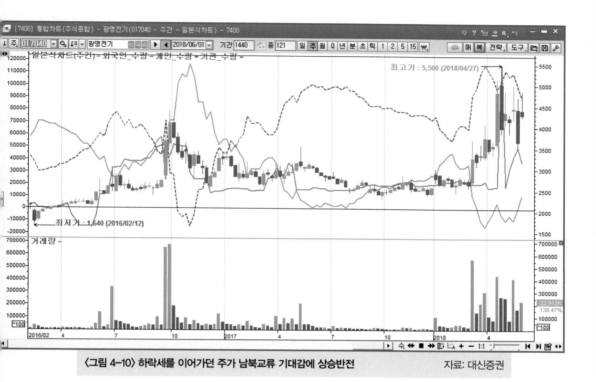

〈그림 4-10〉 하락세를 이어가던 주가 남북교류 기대감에 상승반전　　　　　　　자료: 대신증권

　　2004년 인수한 피앤씨테크는 배전자동화단말장치(FRTU), 디지털보호계전
기, 원격감시제어시스템, 자동소화기장치 등 디지털전력기기기를 생산하고
있다. 특히 배전자동화단말장치의 경우 세계일류상품에 선정될 정도로 탁월
한 기술력을 인정받고 있다. 2016년 한국전력공사가 이전한 나주 지역에 2천
500평 규모의 공장을 설립한 한편 안양 공장 증축도 진행하면서 생산량을 대
폭 끌어올렸다. 이 회사는 2016년에 코스닥시장에 상장되었다.
　　태양광발전시스템 개발·시공회사인 광명SG는 2020년 코스닥 상장을 준비하고 있다. 특히 신재생에너지의 핵심 사업군으로 떠오르는 태양광발전시스템을 개발하는 만큼 성장세는 다른 계열사 못지 않을 것으로 예상되고 있다.

유가증권시장에 상장된 광명전기를 필두로 코스닥에 상장한 피앤씨테크, 2020년 코스닥 상장 예정인 광명SG를 통해 광명그룹은 새로운 도약을 시도하고 있다. 여기에 남북교류에 의한 북한 전력시장사업에 참여하게 되면 중장기적으로 기업가치 면에서 시너지 효과를 크게 발휘할 것으로 예상된다.

06 이화전기
방산주에서 전력설비·송전 테마주로 변신

- 이화전기는 UPS(무정전 전원장치) 및 몰드변압기, 정류기(통신용 정류기 포함) 등 다양한 전원공급장치 및 전력변환장치를 생산 공급하는 중전기기 전문회사임.

- 동사의 주요 제품은 UPS를 비롯한 전원공급장치 및 전력변환장치로 발전소, 대규모시설단지 등의 민간분야 및 철도, 지하철 등의 공공분야의 사업영역에 진출해 있음.

- 전력변환장치는 사용하는 곳에 따라 전력을 다양하게 변환하여 제품의 부가가치를 높여주는 기술이므로 하드웨어 및 소프트웨어 기술개발에 따라 수요가 증가함.

- 주요 수주상황으로 한국전력공사와 UAE원전 안전등급 충전기공급 계약을 맺었음.

- 매출구성은 주파수변환기 23.05%, 정류기 22.33%, 무정전 전원장치 19.86%, 기타 19.43%, 몰드변압기 9.15%, 전원공급기 6.18% 등으로 이루어짐.

자료: 금융감독원 전자공시시스템(DART), 와이즈에프엔

이화전기는 1956년 1월 설립되었고 1994년 12월에 코스닥시장에 상장되었다. UPS(무정전 전원장치) 및 몰드변압기, 정류기(통신용 정류기 포함) 등 다양한 전원공급장치 및 전력변환장치를 생산 공급하는 중전기기 전문회사이다.

전력변환기술은 전기에너지 이용기기의 핵심기술, 아직 국산화율은 낮아

전력변환기술은 전기에너지 이용기기의 핵심기술로 기술의 파급 효과가 매우 크며 제품이 복합기술로 이루어져 있다. 이에 기술분석이 쉽지 않으며 국내 전기변환장치 산업의 기술 수준은 조립 및 실험기술 면에서는 어느 정도 확립되어 있다. 하지만 설계 및 부품 소재기술은 선진국에 비해 다소 저조한 편이어서 전력전자기기의 소형화, 경량화, 고신뢰화를 도모하기 위하여 응용기술을 더욱 발전시켜야 하는 과제가 있다.

전력변환장치는 사용하는 곳에 따라 전력을 다양하게 변환하여 제품의 부가가치를 높여주는 기술이므로 하드웨어는 물론 소프트웨어 기술개발에 따라 무한한 잠재력이 있는 산업이라고 볼 수 있다.

전력변환기기 산업은 내구성 시설재이므로 각종의 산업설비에 대한 투자계획에 영향을 받고 있으며, 각종 경기선행 지수가 올라갈수록 수요가 증가하는 경향이 있다. 제조업체들의 투자수요 확대 및 노후설비 교체, 대형건물에 대한 건축 경기 등도 산업수요를 결정하는 요인이다.

기술향상에 따른 제품의 고신뢰도 및 부품국산화에 따른 원가절감을 통한 가격경쟁력 향상 및 A/S의 신속 정확성이 주요 경쟁요소이다. 국내 부품 및 인적 자원의 공급은 안정적이나 아직까지 부품의 완전국산화가 실현되지 않아 일부 핵심부품은 수입에 의존하고 있는 실정이다. 그래서 제품의 특성상 자재 및 부품의 해외 의존도가 높아 세계 경제 시장의 악화에 따른 환율변동으로 인한 위험성이 존재하고 있다. 역으로 이 점은 국내 자체기술개발을 통하여 부품의 수입대체 및 수요를 창출할 수 있는 영역이 상당히 크다고 볼 수 있다.

민간분야, 철도·지하철의 공공부문부터 패트리어트·천궁미사일의 방위산업까지

이화전기는 산업 전 분야에 전원을 안정적으로 공급해주는 전원공급장치 및 각종 전기 변환기기를 개발, 생산, 판매하는 종합전력기기 전문기업이다. 대규모 시설단지, 산업전원 설비, 전산센터 등의 민간분야와 철도, 지하철 등의 공공분야 등의 사업영역에 진출해 있다. 1978년에는 방위산업체로 지정받아 방위산업도 영위하고 있다.

이화전기의 매출구성을 보면 전원을 안정적으로 공급해주는 무정전 전원장치(UPS)가 19.86%, 정류기(RECT)가 22.33%를 차지하고 있다. 방산분야에 사용되는 주파수변환기(RF)가 23.05%, 기타가 19.43%로 주요 항목을 차지하고 있다. 민간분야뿐만 아니라 철도·지하철의 공공부문부터 방위산업인 패트리어트·천궁미사일의 전원공급장치까지 생산하고 있다.

산업일반	**발전/플랜트**	**공공운송**	**국방**	**신재생에너지**
무정전전원장치	무정전전원장치	AC SWITCHGEAR	유도무기/레이더 체계	계통연계형 PV 인버터
충전기	자동전압조정기	몰드변압기	수상함/잠수함	독립형 PV 인버터
정류기	충전기	정류기		PCS
몰드변압기	정류기	DC SWITCHGEAR		
통신용 정류기	몰드변압기	SCADA시스템		
CTTS		충전기		
STS		항공기 지상전원공		
냉방공조시스템		급장치		

〈그림 4-11〉 이화전기의 사업부문과 주요 생산품목   자료: 이화전기

〈표 4-15〉 이화전기 주요 제품현황

사업부문	매출유형	품목	구체적 용도	매출액	비율(%)
전기기기	제품	무정전 전원장치 (UPS)	주요산업 전원, 발전기대체용, 온라인 컴퓨터 전원, 통신제어설비, 의료기기, 검사시험설비	9,408	19.86
제조	상품	정류기(RECT)	지하철, 산업설비, 집진장치, 전기분해 도금용, 수처리용	10,582	22.33
		몰드변압기	지하철 전력용, 산업송배전용, 고층빌딩전력용	4,337	9.15
		주파수변환기(RF)	방산분야	10,919	23.05
		전원공급기(IPD)	방산분야	2,929	6.18
		기타	보조부품, 제품 A/S 외	9,206	19.43
		계	–	47,381	100

* 단위: 백만 원   * 자료: 금융감독원 전자공시시스템(DART), 이화전기

다른 종목에 비해 미지근한 투자열기, 투자매력도 높이는 계기가 있어야

최근 매출액은 점진적인 증가세가 이어지고 있다. 반면에 수익성은 악화되어서 영업이익이 줄어들고 있고 순이익은 적자를 기록하고 있다. 특이한 것은 2018년에 영업이익률이 0.97%에 불과한데도 순이익이 56억 원이 되면서 8.46%의 순이익률을 기록하고 있는데 이 부분은 장부상의 정산에 의한 것으로 보인다. 부채비율 역시 8.46%로 현저히 낮아진 것을 보면 실적개선에 의한다기보다는 특정 회계처리 항목의 반영이라 볼 수 있어서 신뢰도가 낮다.

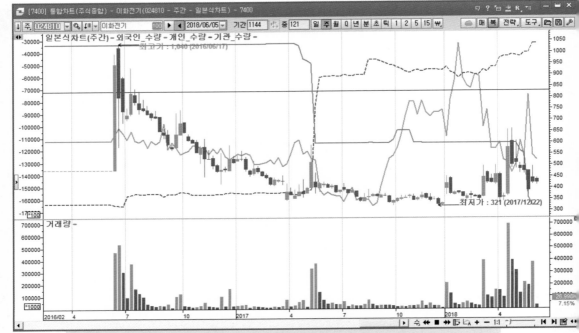

〈그림 4-12〉 지속적으로 하락하던 주가, 남북교류 기대감에 반짝 반등

지속적으로 하락세를 이어오던 주가는 남북정상회담 즈음해서 반짝 상승 후에 다시 하락하고 있음.

자료: 대신증권

〈표 4-16〉 이화전기 주요 재무제표

구분	2015년	2016년	2017년
매출액	410	457	474
영업이익	13	9	5
순이익	-18	-43	56

* 단위: 억 원, * 자료: 금융감독원 전자공시시스템(DART)

〈표 4–17〉 이화전기 수익·안정성 관련 재무제표

구분	2015년	2016년	2017년
영업이익률	3.21	1.86	0.97
순이익률	−4.41	−9.50	11.91
부채비율	63.83	38.90	8.46

* 단위: %,   * 자료: 금융감독원 전자공시시스템(DART)

2016년 6월 1천 원대를 찍고는 줄줄이 하락하던 주가는 남북정상회담 전후로 6백 원대까지 반짝 반등하고는 다시 하락하고 있다. 같은 테마로 묶인 다른 종목에 비해 상승폭도 적고 지속기간도 상당히 짧다. 시장에서의 반응도 상대적으로 미지근한 셈이다.

이 종목은 원래 패트리어트, 천궁 등 미사일의 전원공급 장비를 공급하면서 방산주로 구분되었다. 그러던 것이 최근 남북화해 분위기 속에 대북전력사업의 특수를 기대하는 전력설비·송전 관련 테마주가 뜨면서 변신을 한 것이다.

북한 전력설비 관련 테마주로 묶이면서 상승했지만 향후 실적전망과 투자열기가 뒤따를 투자매력이 부각되지 못할 경우 향후 추가적인 주가상승이 이어질지는 미지수이다.

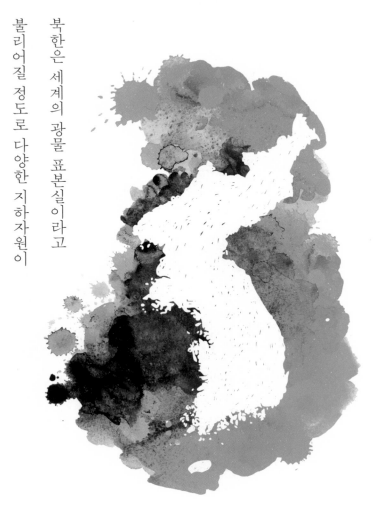

북한은 세계의 광물 표본실이라고
불리어질 정도로 다양한 지하자원이
널리 분포되어 있다.

5부 ◦ 북한의 노다지 자원개발,
송유관·가스관 수혜 종목

북한은 세계의 광물 표본실이라고 불리어질 정도로 다양한 지하자원이 널리 분포되어 있다. 산출되는 주요 금속광물은 금, 연, 아연, 철, 동, 중석 등으로 북한 내에 널리 분포되어 있고 이들 대부분의 금속광물 매장량은 남한에 비해 월등하게 많다. 비금속광물로는 마그네사이트, 석회석, 인상흑연, 인회석, 형석, 운모, 고령토 등이 있다. 이 중 함경남도 단천에 위치하는 대흥, 룡양 마그네사이트 광산은 세계 최대급의 부존규모를 자랑한다.

이처럼 북한은 지하자원이 지천에 널렸음에도 이를 개발할 기본 인프라가 부족해서 제대로 활용을 하지 못하고 있는 실정이다. 자원개발을 위한 기술도 기술이거니와 관련작업을 위한 연료, 전력, 운송을 위한 철도·도로망이 부족하다. 따라서 자원개발은 다른 인프라 사업과 동시에 진행이 되어야 그 효과를 제대로 볼 수 있고 그 규모나 비용도 상당하다.

이런 점을 볼 때 국내 대형 자원개발 회사들이 뛰어들 경우 그 경제규모는 상당할 것으로 예상되고 있고 관련 종목들은 이미 기대감에 가치상승을 이어가고 있는 상황이다.

남북한 광물자원 매장량 비교 현황(2016년 기준)

구분	광종	품위	단위	매장량(톤)	
				북한	남한
금속	금	금속기준	톤	2,000	47
	은	금속기준	톤	5,000	1,568
	동	금속기준	천 톤	2,900	51
	연	금속기준	천 톤	10,600	426
	아연	금속기준	천 톤	21,100	460
	철	Fe 50%	백만 톤	5,000	37
	중석	WO365%	천 톤	246	118
	몰리브덴	MoS290%	천 톤	54	22
	망간	Mn 40%	천 톤	300	176
	니켈	금속기준	천 톤	36	–
비금속	인상흑연	FC 100%	천 톤	2,000	122
	석회석	각급	억 톤	1,000	132
	고령토	각급	천 톤	2,000	116,321
	활석	각급	천 톤	700	8,125
	형석	각급	천 톤	500	477
	중정석	각급	천 톤	2,100	842
	인회석	각급	억 톤	2	–
	마그네사이트	MgO 45%	억 톤	60	–
석탄	무연탄	각급	억 톤	45	4
	갈탄	각급	억 톤	160	–

* 자료: 통계청, 통일부

01 현대종합상사

자원개발의 강자,
자회사를 앞세워 북한으로

**회사
개요**

- 현대종합상사는 1976년 설립되어 현재 산업플랜트, 차량, 철강, 화학, 자원개발 등 5개의 사업부문으로 구성되어 있으며, 각 사업부문은 수출입업, 삼국 간 무역 및 해외자원개발 프로젝트를 영위하고 있음.
- 2015년 10월 1일을 기준일로 하여 브랜드 및 신사업부문을 분할하였으며, 현재 동사를 포함하여 25개의 계열회사가 있음. 이 중 상장사는 동사를 포함하여 2개사임.
- 자원개발부문은 베트남 11-2가스사업, 오만 LNG사업, 카타르 LNG사업, 예멘 LNG 사업 등으로 구성되어 있으며 고위험 고수익 사업의 특성이 있음.
- 글로벌 네트워크를 이용하여 국가별 무역금융 리스크관리를 강화하고 있으며, 제조사의 제3국 제조시설을 활용한 삼국무역 확대 및 이를 통한 연계사업 진출과 신규 아이템·사업구조 개발로 포트폴리오 다각화를 추진함.

> - 매출구성은 철강 43.79%, 차량 건설장비 34.79%, 화학 24.47%, 선박·플랜트·전기 10.96%, 기타 0.55%, 내부거래조정 −14.56% 등으로 이루어짐.
>
> 자료: 금융감독원 전자공시시스템(DART), 와이즈에프엔

현대종합상사는 1976년 12월에 현대그룹의 수출입 전문기업으로 설립되어 1977년 12월에 유가증권시장에 상장되었다. 세계시장을 무대로 중화학제품 중심의 국제무역과 해외투자, 그리고 에너지, 자원개발 사업에서 큰 성과를 거두며 한국의 대표적 종합무역상사로 성장해왔다.

5개 사업부문으로 구성된 현대종합상사

현대종합상사의 사업부문은 5개로 나뉘고 각 사업부문은 수출입업, 삼국 간 무역 및 해외자원개발과 관련된 프로젝트를 진행하고 있다. 선박, 기계, 플랜트, 자동차, 철강, 금속, 화학, 전기전자 등 각종 중화학공업 중심 제품들을 발굴하여 공급하고 있다.

현대종합상사의 주요 5개 사업부문

1) 산업플랜트: 선박 및 엔진 등 관련 기자재, 플랜트, 전기·기계류, 그린에너지, 건설장비 등
2) 차량: 자동차 및 부품, 철도차량 및 철도시스템 등
3) 철강: 강판, 강관, 형강 제품 및 스테인레스 제품 등

4) 화학: 석유, 석유화학제품 및 벙커링 등

5) 자원개발: 자원개발

〈표 5-1〉 현대종합상사 사업부문별 2017년 요약 재무현황(연결)

구분	산업플랜트	차량	철강	화학	기타	내부거래 조정	계
매출액	471,768	1,498,214	1,885,611	1,053,697	23,535	(626,870)	4,305,955
영업이익	3,420	22,807	8,031	(917)	671	(25)	33,987
감가상각비	81	365	512	188	19	–	1,165
무형상각비	5	93	86	44	1,797	–	2,025

* 단위: 백만 원   * 자료: 금융감독원 전자공시시스템(DART), 현대종합상사

30년 전부터 해외 자원개발 사업에 나서 석탄·가스·석유자원 등 확보

현대종합상사는 1981년 한국 최초의 해외 자원개발 사업인 호주 드레이튼 유연탄광 프로젝트 참가를 시작으로 그동안 예멘 마리브 석유광구, 오만 LNG, 카타르 LNG, 베트남 11-2 해상가스전, 예멘 LNG 등 석탄, 석유, 가스와 같은 핵심적 에너지 자원개발 사업에 참가하여 큰 성과를 거두어 왔다.

현대종합상사의 현재 자원부문은 베트남 11-2 가스사업, 오만 LNG사업, 카타르 LNG사업, 예멘 LNG 사업 등으로 구성되어 있다. 현대종합상사가 국내 최초의 해외 자원개발 사업으로 1979년 2.5% 지분으로 참여한 호주 드레이튼 유연탄광 개발사업은 1983년부터 지금까지 매년 약 500만 톤의 유연탄을 생산하고 있으며, 지난 30년간 한국의 석탄 수급 안정화에도 크게 기여한 성공사업으로 평가받고 있다. 현재 드레이튼 광산과 인접한 드레이튼사우스

〈그림 5-1〉 현대종합상사의 자원개발 사업부문
　　　　　　　　　　　　　　　　　　　　　　　　자료: 현대종합상사

유연탄광 탐사를 진행하고 있다.

　한국석유공사, SK, 삼환기업 등과 함께 1984년 2.45% 지분으로 참여하여 1986년부터 생산을 개시한 예멘 마리브 유전은 매장량이 10억 배럴에 달하는 초대형 유전으로, 한국 석유개발 사업 가운데 가장 성공적인 사업으로 평가된 바 있다. 현대종합상사는 1999년에도 리비아에서 대규모 매장량이 발견된 석유개발사업에 참여한 후 이를 매각하여 대규모 차익을 실현하기도 했다.

　또한 해외 천연가스 공급사업에 지속적으로 지분참여를 추진하여 현재 오만(1%), 카타르(0.4%), 베트남(4.9%), 예멘(3%) 등 4개 지역사업에 참여하고 있다. 이 가운데 1999년과 2000년 각각 생산을 시작한 카타르와 오만 LNG 사업은 2001년부터 배당이 시작되어 향후 20년 이상 높은 배당수익을 확보하고 있다.

1992년 참여하여 상업적 개발이 가능한 가스가 발견된 베트남 11-2 해상 광구의 PNG는 현재 베트남 정부와 2028년까지 매매계약을 체결, 베트남 내수시장 판매가 순조롭게 진행되고 있다. 또한 지난 1998년 참여한 예멘 LNG는 예멘 중부 마리브 지역에서 개발된 천연가스를 연간 690만 톤 규모의 LNG로 생산·판매하는 사업으로 2009년 8월 첫 상업생산이 시작되었다.

2015년 그룹에서 독립 후 주춤하다가 뜻하지 않은 호재로 훈풍에 돛 달아

2015년 말 현대중공업그룹에서 독립한 후 2만 원대 전후에서 제자리걸음을 하던 주가는 2018년 4월 말부터 거래량 증가와 함께 큰 폭으로 상승해서 한때 4만4천 원대를 돌파하기도 했다. 이후 3만5천 원대를 형성하고 있다. 독립 이후 주춤했던 실적이 개선되고 신규투자도 꾸준히 이뤄지면서 자리를 잡아 가고 있던 때에 뜻하지 않은 남북교류라는 엄청난 호재가 생겼기 때문이다.

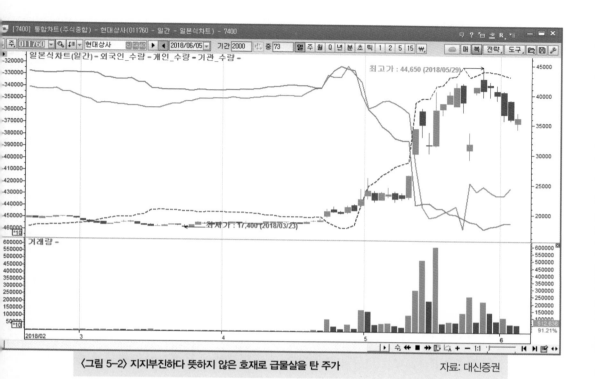

〈그림 5-2〉 지지부진하다 뜻하지 않은 호재로 급물살을 탄 주가

자료: 대신증권

〈표 5-2〉 현대종합상사 주요 재무제표

구분	2015년	2016년	2017년
매출액	42,619	35,588	43,060
영업이익	234	305	340
순이익	1,472	81	251

* 단위: 억 원.   * 자료: 금융감독원 전자공시시스템(DART)

2015년 실적이 크게 향상되었던 현대종합상사는 2016년 들어서 주춤하는 모습을 보였다. 특히 순이익이 크게 줄었지만 2017년 들어서 상당부분 만회하고 매출액도 크게 늘어났다. 부채비율은 206%에서 250%에 육박하면서 상승하는 모습을 보이고 있다.

〈표 5-3〉 현대종합상사 수익·안정성 관련 재무제표

구분	2015년	2016년	2017년
영업이익률	0.55	0.86	0.79
순이익률	3.45	0.23	0.58
부채비율	206.95	249.74	247.00

* 단위: %,   * 자료: 금융감독원 전자공시시스템(DART)

자회사를 내세워 북한 자원개발의 첨병으로 나설 전망 밝아

현대종합상사는 2011년 4월 자원개발 사업 활성화와 본격적인 신규투자 확대를 위해 현대중공업그룹 차원의 자원개발 전문회사인 '현대자원개발'을 설립, 출범시켰다. 현대자원개발은 앞으로 현대종합상사와 현대중공업이 기존에 보유하고 있는 자원개발 사업을 위임 받아 운영하면서 석유·가스·석탄·바이오 연료·광산물·농장운영·산림개발 등 그룹의 모든 해외자원개발 사업 관련 신규투자를 전담하게 된다.

자원개발 사업은 최초 부존여부와 부존량 파악을 위한 탐사단계부터 개발단계를 거쳐 상업생산 단계에 이르러 수익이 발생할 때까지의 과정에서 오랜 시간과 큰 자금투자가 요구된다. 반면에 사업이 성공할 경우 장기적이고 안정적인 대규모 수익을 기대할 수 있는 고위험, 고수익 사업의 특성이 있다.

현대종합상사는 자회사인 현대자원개발과 함께 30년 이상 쌓은 풍부한 사업경험을 바탕으로 북한과의 경제교류가 본격화되면 기존의 사업부문과 함께 유망한 에너지·광물자원의 탐사 및 개발투자 사업을 지속적으로 추진해나가면서 엄청난 수혜를 볼 것으로 기대되고 있다.

그런 점에서 볼 때 남북교류 활성화는 현대종합상사에게 장기적으로 확실한 황금알을 낳아주는 거위가 될 수 있는 것이다.

02 한국가스공사

한국과 북한, 러시아를 파이프로 잇는 PNG 사업

회사 개요

- 한국가스공사는 천연가스 도입 및 판매사업부문을 주요 사업으로 함. 도매사업자인 한국가스공사는 천연가스 수급운영을 독자적으로 담당하고 있음.
- 2017년 국내 천연가스 소비량 중 자가소비 목적으로 천연가스를 직접 수입하는 물량을 제외하고는 한국가스공사에서 판매하는 천연가스 물량이 시장점유율 100%를 차지하고 있음.
- 제12차 장기천연가스 수급계획에 의하면 도시가스용 수요는 2014~2029년간 연평균 2.06% 증가하여 2029년에는 25,171천 톤 수준에 이를 것으로 전망됨.
- 쿠웨이트 KNPC LPG 탱크 설계 및 구매용역, 태국 PTT LPG 프로젝트 시운전 기술용역 사업, 멕시코 만사니요 LNG터미널 사업과 이 밖에도 자원개발사업 등을 진행하고 있음.

한국가스공사(KOGAS)는 1983년 8월에 설립되었고 2017년 말 기준 23개의 계열사가 있다. 주요 계열사는 공사 및 용역 서비스(한국가스기술공사, KOGAMEX Investment 등), 자원개발 사업(KOGAS CANADA Ltd., KOGAS Iraq B.V, KOGAS Australia Pty Ltd., KOGAS Badra B.V, KOGAS Prelude Pty Ltd., KOGAS CANADA LNG Ltd., KG Mozambique Ltd. 등)이 있다.

국내 천연가스 공급 독점하는 연 매출 21조 원의 거대한 에너지 공기업

한국가스공사는 천연가스를 국민에게 안전하고 안정적으로 공급하기 위해 설립된 대표적인 에너지 공기업이다. 2017년 실적 기준으로 연 매출 21조 원에 시가총액은 3조 원, 직원 3천7백여 명의 규모를 자랑하고 있다.

회사의 주요업무는 LNG 인수기지와 천연가스 공급배관망을 건설하고 해외에서 LNG를 수입하여 인수기지에서 재기화한 후에 도시가스사와 발전소에 안정적으로 공급하는 것이다. LNG는 주로 중동아시아(카타르, 오만, 예멘, 이집트), 동남아시아(인도네시아, 말레이시아, 브루나이), 러시아(사할린), 호주, 미국 등에서 도입하고 있다.

한국가스공사는 국민생활의 편익증진 및 복리향상을 위해 '전국천연가스 공급사업'을 지속적으로 추진하여 1986년 평택화력발전에 천연가스를 공급한 이래, 1987년 수도권지역, 1993년 중부권지역, 1995년 영·호남지역, 1999년 서해권지역, 2002년 강원권지역에 천연가스 공급을 시작하였다. 전국적인 주배관 건설공사가 완료됨에 따라 하나의 환상망을 구축하여 안정적으로 가스를 공급할 수 있게 되었다. 현재 운영 중인 배관 길이는 2017년 12월 기준 총 4,790km이며 208개 시군 1,772만 가구(2016년 12월 기준 보급률 82.6%)에 천연가스를 공급하고 있다.

한국가스공사는 적극적으로 해외사업 진출을 추진하기 시작해서 자원개발사업 등에도 참여를 확대해 수익원을 다각화하고 안정적인 도입원을 확보하려는 전략을 추진하고 있다.

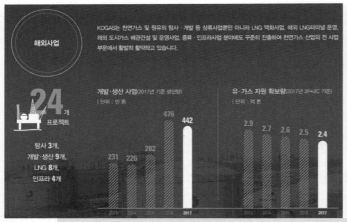

〈그림 5-3〉 한국가스공사의 해외사업 현황   자료: 한국가스공사

북한을 거친 러시아 파이프라인에 LNG수요 증대까지, 기대감 커지는 한국가스공사

남북정상회담, 북미정상회담 등으로 한국과 북한·러시아를 파이프로 잇는 파이프라인 액화천연가스(PNG) 사업성사에 대한 기대가 커졌다. PNG는 천연가스를 액화시켜 배로 수송하는 LNG에 비해 경제적이고 파이프라인이 설치되면 연 700만t 정도의 PNG가 수입될 것으로 예상되고 있다.

2017년 말에는 정부가 '재생에너지 3020' 계획을 발표했고 이 계획에 따라 LNG를 활용한 발전비중은 16.9%에서 18.8%로 늘어날 전망이다. LNG 발전이 석탄·원자력발전의 역할을 대신할 것으로 기대되면서 LNG 판매가 증가할 것으로 예상되고 있다. 최근 국제유가가 상승하고 있는 것도 해외 가스전 개발사업을 하는 가스공사에게는 호재다. 회사의 적자 해외사업인 호주 글래드스톤액화천연가스(GLNG) 프로젝트는 2015년 사업 시작 후 1조8천억 원의 손상차손이 발생했다.

GLNG는 호주 내륙의 가스전을 개발해 420㎞ 떨어진 글래드스톤에서 액화한 뒤 수출하는 사업이다. 유가상승에 따라 GLNG의 수익성이 개선되면서 2018년 GLNG 사업이 흑자 전환할 것으로 예상된다.

경영혁신, 유가상승 등으로 2018년에는 흑자 전환 기대

한국가스공사는 2018년 5월 새로운 사장 취임 이후 비상경영체제로 전환한다고 선포하고 조직, 인사, 전략 등 전 분야로 구성된 혁신 태스크포스(TF)를 구성했다. 이를 통해 고강도 조직·인적 쇄신과 소통 강화를 통해 미래지향적인 혁신경영에 나선다는 구상이다. 이를 위한 후속조치로 조직 개편을 단행했다. 강도 높은 조직·인사 쇄신으로 새로운 혁신경영에 박차를 가해 안정적인 천연가스 공급을 통한 공공서비스 향상과 책임을 다하는 공기업으로 거듭나겠다는 비전을 제시하고 있다. 여기에 국제유가 상승으로 그동안 손실을 본 해외 자원개발 사업도 흑자로 돌아설 것이란 희망적인 분석이 나온다.

〈표 5-4〉 한국가스공사 주요 재무제표

구분	2015년	2016년	2017년
매출액	260,527	211,081	221,723
영업이익	10,078	9,176	10,339
순이익	3,192	−6,125	−11,917

* 단위: 억 원. * 자료: 금융감독원 전자공시시스템(DART)

　　2016년과 2017년에 한국가스공사는 순이익이 적자로 전환되었다. 이는 낮게 유지되던 국제 유가로 대규모 손상차손이 발생해서 자본이 잠식되어 온 것이다. 그러던 것이 2017년 하반기부터 상승한 국제유가가 2/4분기부터 해외사업 판매단가에 적용되어 자원개발 실적도 증가할 것으로 추정되고 2018년에는 당기순이익이 흑자 전환할 것으로 예상되고 있다. 가스 수급계획대로 2022년까지 투자확대가 확정되어 국내 실적이 개선되고 유가상승 시 해외자원가치가 부각될 전망이다.

〈표 5-5〉 한국가스공사 수익·안정성 관련 재무제표

구분	2015년	2016년	2017년
영업이익률	3.87	4.35	4.66
순이익률	1.22	−2.90	−5.38
부채비율	321.45	322.70	356.24

* 단위: %,   * 자료: 금융감독원 전자공시시스템(DART)

현실화되는 대북교류, PNG 사업 성사 기대감에 불붙는 주가

한국가스공사와 러시아 국영가스회사 가즈프롬이 2018년 4월과 5월에 각각 대구와 상트페테르부르크에서 접촉했다는 소식이 흘러나왔다. 실무진이 비공개로 가즈프롬과 남·북·러 PNG 사업 추진 타당성 검토를 위한 공동연구 추진방안을 논의한 것으로 알려졌다. PNG 도입이 현실화되면 LNG 대비 경제성이 높은 원재료를 도입한다는 점도 있지만 북한에 도시가스 또는 발전용 가스를 공급할 가능성이 높다는 점에서 회사의 장기 성장성이 크게 부각될 수 있기에 상당히 긍정적인 면이 있다.

2018년 3월 중순부터 한국가스공사의 주가는 액화천연가스(LNG) 수요증대로 인한 실적 개선과 러시아산 파이프라인 천연가스(PNG) 사업도입 기대라는 대형 호재에 의해 상승세를 타고 있다. 4만5천 원대였던 주가는 꾸준히 고점을 높여가서 한때 6만4천 원대를 돌파하기도 했다.

이런 상승세 속에 외국인의 순매수 금액이 꾸준하게 같이 상승곡선을 그리고 있다는 점이 의미가 있다. 정보력과 자금력 등에서 투자우등생인 외국인의 순매수 증가는 향후 이 종목의 상승가능성을 높게 하는 추가적인 성장동력으로 작용하고 있다. 이런 여러 우호적인 상황이 한국가스공사의 향후 추가적인 주가상승에 대한 기대감을 증폭시키고 있다.

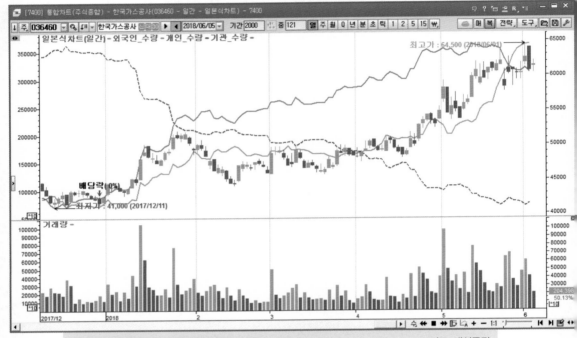

〈그림 5-4〉 외국인 매수세와 함께 꾸준히 상승하는 주가   자료: 대신증권

03 대동스틸

흑자 전환 이후 강한 상승세, 열연제품 전문 생산기업

회사 개요

- 1973년 설립되어 2002년 코스닥시장에 상장된 철강재 유통 기업임.
- 제품류는 열연코일 등을 절단 가공하여 열연박판 등으로 판매하고, 후판류는 상품으로 판매하며 그 밖에 타사 열연코일을 수탁 가공하여 납품하는 임가공 매출이 발생하고 있음.
- 자산의 상당부분을 포스코의 지분으로 보유하고 있으며 부동산가치도 매우 높은 자산가치 기업임.
- 포스코의 8개 열연제품 지정 판매점 중, 가장 수요가 많은 지역인 서울을 비롯하여 경기도, 포항, 대구, 울산, 부산 및 충청권을 주요 사업 영역으로 하고 있음.
- 매출구성은 철강재제품 54.9%, 철강재상품 43.24%, 서비스 1.86% 등으로 이루어짐.

자료: 금융감독원 전자공시시스템(DART), 와이즈에프엔

대동스틸은 1973년 8월에 설립되어 2002년 1월에 코스닥시장에 상장되었고 철강재 제조, 판매 및 임가공업을 주사업으로 하고 있다. 철강재 유통업으로 시작해서 1975년 4월에는 국내 유일의 고로업체인 POSCO의 열연제품 지정 판매점으로 선정되어 지속적으로 성장해왔다.

설비 대형화와 자동화에 따른 생산성 증가가 관건인 철강산업

철강산업은 제품의 특성상 품질보다는 가격이 주요 경쟁요인이며, 따라서 설비의 대형화 및 자동화에 따른 생산성 증가에 의해 원가가 결정되고 안정적인 원자재 확보 등도 주요 경쟁요소이다.

국내 철강시장은 POSCO, 현대제철, 동국제강, 현대강관 등과 같은 메이저 업체들이 국내 대형 수요자에 대하여 자체판매를 통하여 공급이 이루어지고 있으며, 중소기업 등 중·소형 수요자에 대하여는 이들 메이저 업체들의 판매 대리점들에 의하여 제품이 공급되는 형태를 이루고 있다. 이 중 열연제품은 POSCO의 열연제품 지정판매점이 오랫동안 시장 지배를 해왔으나 후발업체인 현대제철이 철강시장에 진입하면서 경쟁이 심화되고 있다. 또한 대외적으로는 제조기술의 일반화로 중국, 인도 등 후발국들의 추격이 거세지면서 저가의 제품들이 국내에 유입되고 있다.

대동스틸은 공정상 기준으로 제2차 가공업으로 분류되며 기타 제강업체는 철강제조의 원료가 되는 철광석과 원료탄 등을 전량 수입에 의존하고 있다. 따라서 주요 구매처인 포스코의 원료수급 정책에 따라 큰 영향을 받고 있으며 그 중 일부는 해외에서 조달하고 있다.

열연 박판
내식성과 내후성 우수
특수차량 제작, 건축 구조물에 사용

스켈프
용접성이 우수
자동차 프레임, 휠에 사용

무늬 강판
구조물의 계단, 주차장 바닥재로 사용

후판
용접구조물, 교량, 산업기계, 건축 등
가장 널리 사용되는 강판

열연 코일
철구조물, 교량, 차량제작에 사용

임가공
고객용 웹서비스, 생산내역, 출하정
보, 재고현황 실시간 확인

〈그림 5-5〉 대동스틸의 주요 제품과 생산설비

자료: 대동스틸

포항과 인천에 생산설비 보유, 서울과 경기도, 영남권 등에서 중위권의 점유율

현재 포항과 인천에 설비를 보유, 가동하고 있는데 포항공장은 POSCO와 인접한 공업단지 내에 생산공장이 위치하여 물류비용의 최소화로 경쟁력을 확보하고 있다. 인천공장은 최근 중국 등에서 생산된 수입제품을 선박을 이용하여 저렴한 운송비로 인천까지 수송해서 공급함으로써 보다 높은 원가경쟁력을 유지하고 있다.

대동스틸의 주요 매출구성은 열연박판이 58%를, 후판이 39%를, 무늬강판이 1%를 차지하고 있다. 현재 POSCO의 8개 열연제품 지정판매점 중 가장 수요가 많은 지역인 서울을 비롯 경기도를 중심으로 한 중부권과 포항, 대구, 울산, 부산을 중심으로 한 영남권 및 충청권을 주요 사업 영역으로 하여 영업을 하고 있다.

열연제품 및 판재류 시장의 경우 이 회사의 시장점유율은 POSCO의 8개 열연제품 지정판매점 중 중위권을 차지하고 있는 것으로 파악되고 있다. 하지만 최근 들어 현대제철 대리점 및 수입유통업체들이 늘어나고 취급 품목도 다변화 추세에 있으므로 전체 시장점유율에서의 비중은 이보다 떨어지는 것으로 추정되고 있다.

흑자 전환 이후 실적 개선과 남북교류 기대감에 강한 주가상승세
이어져

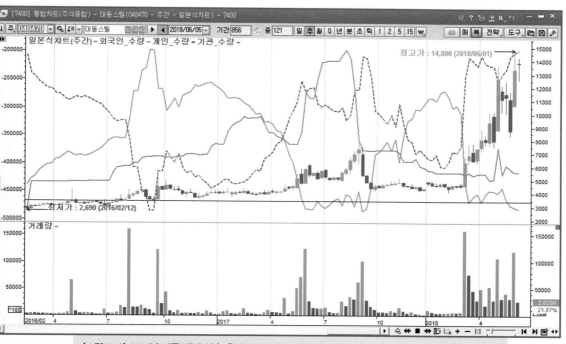

〈그림 5-6〉 2017년 여름 반짝 상승 후에 남북교류 기대감에 급등　　　　자료: 대신증권

　　2016년 흑자 전환 후에 2017년 들어서 반짝 상승하던 주가는 여름 이후 다
시 하락세로 돌아서서 거래량과 주가가 모두 맥을 추지 못하고 있다. 그러던
것이 2018년 3월부터 남북교류 기대감에 거래량이 폭발하면서 주가도 급등세
를 보이고 있다.

〈표 5-6〉 대동스틸 주요 재무제표

구분	2015년	2016년	2017년
매출액	923	682	905
영업이익	−16	44	55
순이익	−48	43	62

* 단위: 억 원, * 자료: 금융감독원 전자공시시스템(DART)

2015년 923억 원이었던 매출액이 이듬해엔 682억 원으로 줄어들었지만 가격상승으로 수익성이 개선되면서 오히려 이익은 흑자로 전환되었다. 2017년에는 매출액도 905억 원으로 이전 실적을 회복했고 수익도 같이 증가했다. 부채비율은 11.54%에서 22.46%로 늘었지만 매우 낮은 수치로 안정성 면에서는 상당히 양호한 모습을 보이고 있다.

〈표 5-7〉 대동스틸 수익·안정성 관련 재무제표

구분	2015년	2016년	2017년
영업이익률	−1.78	6.40	6.12
순이익률	−5.19	6.34	6.80
부채비율	11.54	7.15	22.46

* 단위: %, * 자료: 금융감독원 전자공시시스템(DART)

세계적인 철강재 수요 증가세에 힘입어 실적이 개선되며 2016년 흑자 전환에 성공한 데 이어 2017년에도 이익이 큰 폭으로 늘어난 것으로 분석되고 있다. 여기에 남북 경제협력 일환으로 철도·가스관 연결 사업이 본격화하면 대동스틸의 실적 성장세가 한층 더 탄력을 받고 주가 역시 추가적인 상승세를 이어갈 수 있을 것으로 예상되고 있다.

동양철관

러시아 파이프라인 액화천연가스(PNG) 사업의 강관 제조

회사 개요

- 1973년 설립되어 26개의 계열회사를 보유한 지배회사로 강관부문을 영위하고 있으며 주요 종속회사 갑을알로이(주)를 통해 동합금 부문을 영위함.

- 동양철관의 주요 제품인 가스관, 강관말뚝, 각종 배관 등은 거시경제 변수에 많은 영향을 받고 있으며 특히 건설경기 성장률 및 SOC투자와 밀접한 관계를 가지고 있음.

- 주요 제품인 나관은 배관용 강관 및 수도관, 토목, 강관말뚝 등에 두루 쓰이고 있으며 부산물 또한 제강용 고철에 사용되고 있음.

- 주요 수출지역인 동남아, 중동, 미주 등의 거래처에서 회사제품의 품질의 우수성을 인정받고 있으며 계속해서 새로운 거래처 개발을 하고 있음.

- 매출구성은 강관부문 77.77%, 기타 22.23% 등으로 이루어짐.

자료: 금융감독원 전자공시시스템(DART), 와이즈에프엔

동양철관의 전신은 1973년 세워진 동양철관공업이고 1974년 성업공사로부터 주물공장을 인수해 가동하기 시작했다. 1977년에 유가증권시장에 상장되었다.

주인이 바뀌고 IMF 이후 워크아웃, 법정관리 끝에 갑을상사 그룹의 품에

동양철관공업은 1982년 동양철강을 흡수·합병했고 다음해에 회사 이름을 지금의 동양철관으로 변경했다. 1986년에는 영흥철강을 인수하는 등 사세 확장을 모색했지만 1990년대 이후 무리한 사업다각화의 여파로 경영난에 빠졌다. 창업 초기 박정희 전 대통령의 조카인 박재홍 씨가 최대주주와 대표이사를 맡았던 동양철관은 1996년 신호그룹이 지분을 인수하며 동양철관의 지배주주가 되었다.

그 후 신호그룹이 IMF 직격탄을 맞고 경영난에 빠지면서 동양철관도 1998년 기업 재무구조 개선작업(워크아웃)에 들어갔고 2000년에는 법정관리에 들어가는 등 위기를 겪었다. 2001년 갑을상사그룹 계열사인 동국실업이 동양철관을 인수하면서 법정관리에서 벗어났고 이후 지금에 이르고 있다. 동양철관은 갑을상사그룹에 속한 회사로서 총 18개의 국내법인과 8개의 해외법인이 있으며, 총 26개의 계열회사가 있다. 2018년 9월 기준 최대주주는 동국실업으로 18.43%의 지분을 보유하고 있다.

〈표 5-8〉 동양철관 기업구조

상장사명(3) (종목코드) 사업자등록번호	비상장사명(23) (사업자등록번호)
동국실업(주) (001620) 106-81-12972 동양철관(주) (008970) 122-81-00857 갑을메탈(주) (024840) 514-81-05779	국내법인(15) 갑을상사(주) 106-81-10839, 갑을합섬(주) 503-81-13643 (주)케이비텍 137-81-09582, 갑을오토텍(주)312-81-69217 갑을건설(주) 515-81-16513, (주)국인산업 508-81-05677 갑을산업개발(주) 106-81-54496, (주)모드멘 129-81-54145 (주)에이스테크놀로지 129-81-72556, (주)모다 437-86-00021 정무산업(주) 515-81-00705, 갑을알로이(주) 136-81-06923 동국화공(주) 106-81-12268, (주)코스모링크 124-81-34993 (주)석문에너지 144-81-10428 해외법인(8) KB REMICON L.L.C, KBI JAPAN, KB CAMBODIA PLC, 염성동국기차배건유한공사, KDK Automotive GmbH, KDK Automotive Czech s.r.o, KDK-Dongkook Automotive Spain S.A, DONG KOOK MEXICO S.A. de C.V.

* 자료: 금융감독원 전자공시시스템(DART), 동양철관

가스관·상수도관 등 각종 배관과 건물 교량 등의 구조물에 사용되는 강관

동양철관의 주력 제품인 강관은 상수도관, 가스관, 각종 배관 등에 주로 사용되는 강관(쇠로 만든 파이프)이다. 철강산업은 국가 전체산업의 기초 소재를 공급하는 기간산업으로서 국가경제와 국민경제에 미치는 기여도가 매우 큰 중요한 산업이다. 이 중 강관제품은 상수도관, 가스관, 각종 배관, 건설·건물·교량·하천구조물 등의 기초 등으로 활용된다.

강관업계는 건설경기에 많은 영향을 받으며 특히 대형강관업계는 대단위 토목공사 및 건설로 인한 수요가 있는 상황이다. 국제 철강재 가격의 변동에

따른 원재료인 후판과 코일의 수급상황이 변수가 된다.

최근 경쟁사들이 설비증설 등을 통하여 적극적으로 시장을 공략하고 있으며, 강관업계는 매출액이나 자산규모 면에서 큰 회사들이고 일부 회사는 대기업의 계열사이므로, 상호지분 관계에 있는 계열사를 통한 구매 및 판매가능성, 풍부한 자금력 및 인력, 기존판매조직의 이용 등의 경쟁관계에 있다.

주원료인 후판(Plate)과 코일(Coil)의 경우 대부분을 POSCO, 현대제철, 동국제강에서 구입하고 일부는 일본산 원재료를 사용하고 있으며, 원재료의 비중이 크게 차지하고 있는 강관 업종의 특성상 원재료의 가격에 따라 업계의 손익에 상당한 영향을 미친다.

〈그림 5-7〉 동양철관의 주요 생산제품   자료: 동양철관

실적부진으로 적자 전환되며 수익성 악화, 주가도 2018년 초반까지 약세

〈표 5-9〉 동양철관 주요 재무제표

구분	2015년	2016년	2017년
매출액	1,713	1,293	1,471
영업이익	32	−120	−65
순이익	23	−147	−306

* 단위: 억 원, * 자료: 금융감독원 전자공시시스템(DART)

2016년 들어 오면서 전년 대비 매출액과 수익이 감소하면서 적자로 전환되었고 2017년에도 적자폭을 키우는 모습이다. 이에 순이익률이 1.35%에서 −11.33%, −20.80%로 지속적으로 악화되고 있고 부채율도 100% 전후에서 183%로 급증하고 있다.

이런 어려운 상황을 돌파하기 위해 경영방침을 경영의 내실화 도모로 정하고 생산제품의 고급화와 판매방식을 전환하여 유동성을 확보하고, 내수 중심의 매출구조에서 점진적으로 탈피하여 수출 지향으로의 전환을 추진하였다. 이에 주요 수출지역인 동남아, 중동, 미주 등의 거래처에서 품질의 우수성을 인정받고 있으며, 계속해서 새로운 거래처 개발에 나서고 있다.

이 회사의 주요 제품인 가스관, 강관말뚝, 각종 배관 등은 거시경제 변수에 많은 영향을 받고 있으며 특히 건설경기 성장률 및 SOC투자와 밀접한 관계를 가지고 있다.

<표 5-10> 동양철관 수익·안정성 관련 재무제표

구분	2015년	2016년	2017년
영업이익률	1.90	−9.26	−4.41
순이익률	1.35	−11.33	−20.80
부채비율	100.73	98.39	183.91

* 단위: %,   * 자료: 금융감독원 전자공시시스템(DART)

2018년 3월부터 대형계약 수주와 러시아 가스관 사업 기대감에 주가도 5배나 폭등

지난 실적 부진으로 이 종목의 주가는 그다지 신통치 못한 움직임을 보였다. 그랬던 것이 2018년 봄부터 스멀스멀 대규모 공급계약이라는 장밋빛 공시가 잇따라 나오고 남북교류 기대감에 러시아의 파이프라인 액화천연가스(PNG) 도입 가능성이 제기되자 기대감에 주가가 폭등하고 있다. 2018년 3월 초 8백 원대에 불과했던 주가는 6월 1일에는 한때 4천 원대에 육박하면서 5배 가까이 상승하며 기염을 토했다. 이런 과열로 인해 결국 이 종목은 2018년 5월 30일 기준 경고종목으로 지정되었다.

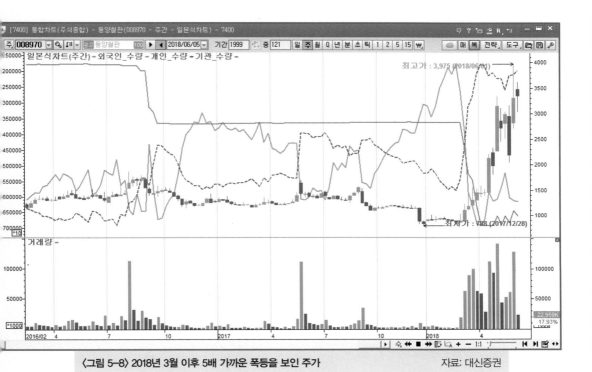

〈그림 5–8〉 2018년 3월 이후 5배 가까운 폭등을 보인 주가　　　　　자료: 대신증권

　　동양철관은 2018년 3월 20일 G.E.D와 중동지역으로 270억 원 규모의 송유
관 공급계약을 체결하고 9월까지 납품할 예정이라고 21일 공시했다. 2017년
매출액의 약 19%에 달하는 대규모다. 이에 따라 안정적인 납품물량 확보를
통해 흑자 전환의 기틀을 마련하고 중동지역 내 회사와 제품인지도 상승이
기대되고 있다. 이어서 2018년 4월 3일에는 엠유엘(M.U.L.)과 북아프리카 지
역에 159억 원 규모의 송유관을 공급하는 계약을 체결했다고 공시했다. 이는
지난해 매출액 대비 약 11%에 해당하는 규모로 계약 기간은 8월 18일까지다.

이처럼 대규모 계약 체결에 대한 공시가 뜨는데 이어 남북교류로 인해 문재인 대통령 공약인 한·러 가스관 사업 재점화 기대감에 주가가 강세를 이어가고 있다. 러시아 파이프라인 액화천연가스(PNG) 사업은 노무현 대통령이 2004년 9월 러시아 방문 때에 천연가스 협력에 합의한 사안이다. 이후 2006년 10월에는 정부 간 가스협력협정을 체결하는 등 추진 기반을 마련했고 사업 실무기관으로 선정된 한국가스공사와 러시아 국영가스기업 가즈프롬은 공동 연구 및 협상 등을 추진해왔다. 그러던 것이 2013년 북한의 3차 핵실험 이후 논의가 중단되었었다.

국내에선 그동안 주로 카타르산 천연가스를 사용해 왔고 최근 미국 세일가스와 호주 천연가스를 일부 바닷길을 통해 수입하고 있다. 그런데 육로 파이프라인을 통한 가스 수입이 활성화되면 엄청난 물량의 수요가 발생하기에 동양철관에게는 큰 호재로 작용하게 된다. 따라서 남북교류 활성화로 가스사업이 구체화되기 시작하면 주가는 당분간 지속적인 상승세를 이어갈 수 있을 것으로 예상되고 있다.

05 화성밸브

밸브만 500여 종 생산, 러시아에도 공급 실적

<table>
<tr><td>회사
개요</td><td>

- 화성밸브는 1987년 설립되었으며 밸브제조업 단일 사업을 영위하고 있는 국내 1위 밸브 전문기업임.
- 1995년 세계 최초로 전기절연 볼밸브를 생산하였으며, 2000년 업계 최초로 코스닥시장에 상장됨.
- 0.5인치 밸브부터 43인치까지 500여 종이 넘는 다양한 밸브 제품을 생산하고 있으며, 주력 제품인 볼밸브는 국내 시장점유율 60%가 넘음.
- 2002년 볼밸브 생산 확대를 목적으로 경산2공장을 신축하였으며, 2011년에는 수출 확대를 목적으로 경산3공장을 신축해 현재 본사·대구1공장을 포함해 총 3개의 공장이 가동 중임.
- 매출구성은 플랜지식 밸브 35.12%, 나사식 밸브 28.76%, 기타 매출 14.61%, 매몰용접형 밸브 13.14%, 엘피지용기용 밸브 8.37% 등으로 이루어짐.

</td></tr>
</table>

자료: 금융감독원 전자공시시스템(DART), 와이즈에프엔

화성밸브는 1987년 4월에 설립되어 2000년 3월에 관련업계 최초로 코스닥 시장에 상장되었다. 밸브제조업 단일 사업을 영위하고 있는 국내 1위 밸브 전문 제조업체이다.

500여 종의 밸브만 만드는 밸브 전문 기업

화성밸브는 설립 초기 액화석유가스(LPG) 용기에 쓰는 밸브를 만들었고 지금까지 황동볼(ball), 절연볼, 매몰형볼, 대구경 석유화학 플랜트용 밸브 등 오로지 밸브만을 500여 종 만들어 왔다. 1995년에는 전기절연 볼(ball)밸브를 만들기 시작해서 일본에 수출했고, 1998년에는 보온용 밸브를 생산했다. 2002년부터 스테인리스 밸브를 만들기 시작했다.

이 회사의 주력 제품은 도시가스 배관의 밸브다. 도시가스 배관에 사용되는 밸브는 수도용 밸브와 달리 잠금과 열림이 완벽해야 하는 정밀 제품이다. 초창기에는 LPG 용기용 밸브가 주요 제품이었으나 액화천연가스(LNG)용 밸브에 이어 석유화학 플랜트용 밸브까지 다품종 소량생산 체제를 갖추면서 수많은 종류의 밸브를 생산하고 있다. 주력 제품인 볼밸브는 국내 시장점유율이 60%를 넘고 있다.

도시가스는 연소 시 공해물질이 전혀 발생하지 않는 무공해 청정연료로서 환경보존에 있어 최적의 에너지로 각광받고 있을 뿐만 아니라, 화석연료를 대체하는 미래사회의 주된 에너지이다. 도시가스 사용량의 증가에 따른 그 관련산업에 미치는 영향은 매우 크다. 특히 도시가스 이용에 배관망은 필수적이며, 그 배관에 사용되는 배관용 밸브의 경우 초창기에는 수입에 의존하였으나, 점진적으로 국내 기업들의 연구개발로 국산화되어 가고 있는 상황이다. 국내 밸브시장의 규모는 정확한 통계자료는 없으나 연간 수천만 개에 이를 것으로 추산되고 있다.

〈표 5-11〉 밸브 관련 제품 시장점유율

제품품목명	2017년		2016년		2015년	
	회사명	시장점유률	회사명	시장점유률	회사명	시장점유률
엘피지용기용 밸브	에쎈테크	30%	에쎈테크	30%	에쎈테크	40%
	화성	25%	화성	25%	화성	30%
	영도산업	25%	영도산업	25%	영도산업	20%
	덕산	20%	덕산	20%	덕산	10%
	합계	100%	합계	100%	합계	100%
나사식 볼밸브	화성	25%	화성	25%	화성	29%
	에쎈테크	30%	에쎈테크	30%	에쎈테크	26%
	남성정밀	20%	대흥정공	20%	대흥정공	20%
	기타	25%	기타	25%	기타	25%
	합계	100%	합계	100%	합계	100%
플랜지형 볼밸브	화성	50%	화성	50%	화성	60%
	로얄정공	5%	KPC	5%	KPC	10%
	해원금속	10%	금강밸브	10%	금강밸브	10%
	삼성정공	15%	삼성정공	15%	삼성정공	10%
	기타	20%	기타	20%	기타	10%
	합계	100%	합계	100%	합계	100%
매몰형 밸브	한국기계화학	30%	한국기계화학	30%	한국기계화학	40%
	화성	70%	화성	70%	화성	60%
	기타	0%	기타	0%	기타	0%
	합계	100%	합계	100%	합계	100%

* 자료: 금융감독원 전자공시시스템(DART), 화성밸브

본사 및 제 1공장

경산 제 2공장

경산 제 3공장

〈그림 5-9〉 화성밸브의 주요 생산제품과 회사 전경   자료: 화성밸브

실적 감소와 자사주 매각으로 한때 상승탄력 둔화

〈표 5-12〉 화성밸브 주요 재무제표

구분	2015년	2016년	2017년
매출액	503	547	437
영업이익	24	28	23
순이익	20	19	17

* 단위: 억 원.   * 자료: 금융감독원 전자공시시스템(DART)

성장세를 이어가던 매출이 2017년 줄어들면서 영업이익과 순이익도 같이 줄었다. 부채비율은 31.57%에서 45.36%로 소폭 상승했지만 안정적인 비율을 유지하고 있다.

〈표 5–13〉 화성밸브 수익·안정성 관련 재무제표

구분	2015년	2016년	2017년
영업이익률	4.77	5.14	5.24
순이익률	3.95	3.56	3.81
부채비율	31.57	39.47	45.36

* 단위: %, * 자료: 금융감독원 전자공시시스템(DART)

실적 감소에도 불구하고 2018년 3월 초에 급등했던 주가는 이후 상승세를 이어가지 못하고 한동안 박스권에서 등락을 반복하면서 횡보하는 모습을 보였다. 무슨 일이 있었던 것일까?

화성밸브는 2018년 3월 16일 시간외 대량매매 방식으로 보통주 30만주를 21억여 원에 처분했다. 이후 27일에는 자사주 20만주를 시간외 대량매매로 16억 원에 처분했다. 회사 측은 재무건전성 강화 및 유통주식 물량증대를 통한 주식거래 활성화를 위한 것이라고 밝혔다. 하지만 이는 상승추세에 찬물을 끼얹는 악재가 되어 4월 말까지 그 영향을 미쳤다. 일반적으로 자사주 매각은 이익실현으로 현금유동성을 확보하기 위한 것인데 이는 향후 추가적인 주가상승에 대한 확신이 부족하다는 것을 반증하는 것이기도 하다. 그래서 한동안 주가가 힘을 쓰지 못하다 4월 30일부터 다시 상승탄력을 받아서 6월 4일에는 한때 1만3천 원에 육박하기도 했다.

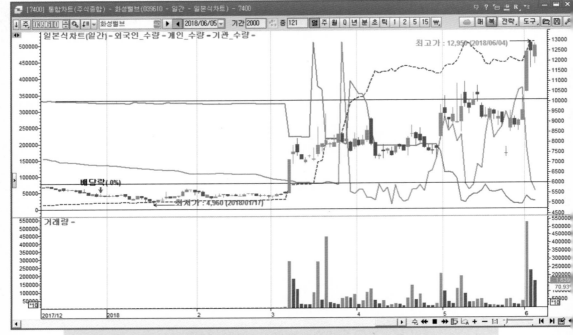

〈그림 5-10〉 자사주 매각으로 한때 주춤했던 상승세

자사주 매각으로 상승탄력이 둔화되면서 박스권에서 움직이고 있음. 이후 다시 상승세를 이어감.

자료: 대신증권

러시아 가스관 공급업체 인증, 남·북·러 가스관 연결될 경우 수혜 예상

화성밸브는 2011년부터 미국·중동·러시아 등으로 진출해서 2016년 미국 도시가스 설비회사에 매몰 용접형 볼밸브를 공급했고 2017년에는 미국 도시가스 설비회사 2곳, 모스크바 지역난방공사 등에 볼밸브를 납품했다. 또한 쿠웨이트 국영석유공사, 이란 국영가스공사에 벤더업체로 등록해 중동 쪽의 수주 가능성에 대한 기대감도 커지고 있다. 남북관계 개선과 푸틴 러시아 대통령 연임 등에 따라 북핵 문제로 2013년 중단되었던 러시아 가스관 사업이 재개될 가능성이 크게 대두되고 있다.

현재 한국가스공사와 러시아 국영가스기업인 가즈프롬이 협력 방안을 지속적으로 논의 중인 상황에서 화성밸브는 러시아 가스관 사업에 필요한 'TRCU 032' 인증을 획득했다. 또한 2010년부터 러시아에 수출하면서 실적을 쌓아왔기 때문에 가스관 사업을 개시하면 수혜를 볼 것으로 예상되고 있다.

06 하이스틸
실적 개선과 남북교류 기대감에 주가변동성 증대

회사 개요

- 2003년 한일철강(주)로부터 인적 분할하여 설립되었으며 주요 제품으로 강관을 생산, 판매하는 기업임.
- 2009년도 당진공장 준공으로 기존 ERW강관에서 SAW강관까지 생산하는 생산체제를 갖춤으로써, 세경관, 소경관부터 원유, 가스수송이 가능한 60인치 대구경 후육강관까지 다양한 제품을 생산하게 된 강관 전문회사임.
- 철강시장은 대기업과 중소기업이 공존하고 있으며 국내 강관의 83%가 ERW제품이며, 그 중 중소구경 강관이 82%를 차지하여 저부가가치 제품의 경우 시장경쟁이 치열한 상태임.
- 저유가 기조와 반덤핑 리스크 속에 수출량 둔화 우려가 커지고 있으며 수출확대를 주도했던 에너지용 제품은 유가하락으로 북미지역의 에너지 투자 위축에 대한 우려가 높아짐에 따라 부정적인 영향이 예상됨.

하이스틸은 강관 등을 생산·판매할 목적으로 2003년 1월 1일에 한일철강(주)로부터 인적 분할하여 설립되었으며, 2003년 2월 발행주식을 유가증권시장에 재상장했다. 매출액 기준 세아제강, 휴스틸, 넥스틸의 뒤를 잇는 국내 4위권 업체이다.

2017년 철강재 가격상승으로 이익은 늘었지만 밝지 않은 업계 전망

2017년 우리나라 철강재 수출은 4년 연속 3천만 톤을 돌파하면서 2014년부터 2017년까지 어려운 세계 경제 환경 속에서도 꾸준히 증가하였으며, 특히 2016년과 2017년은 철강재 가격상승 분위기와 맞물려 이익도 크게 증가하였다. 한국철강협회에 따르면 2017년 수출량은 3천168만 톤을 기록하여 전년 대비 23%(71만 톤)가 증가하였다. 우리나라 철강수출을 견인한 것은 강관으로 강관 수출은 전년 대비 44.8%가 증가한 310만 톤을 기록하였다.

글로벌 철강산업은 2012년 이후 경기 침체와 함께 세계 조강설비능력이 20억 톤을 초과하면서 공급과잉 문제가 대두되었고, 특히 2016년부터 점차 줄어들고는 있지만, 최대 생산국인 중국의 철강 자급률이 100%를 초과하면서 밀어내기 수출 확산으로 인해 미국과 유럽연합을 비롯한 철강 수입국들의 규제는 갈수록 강화되고 있는 분위기이다. 이에 2017년 말 기준 해외시장에서 한국산 철강재에 대한 피소건수는 19개국 88건에 달하고 있으며, 특히, 미국 트럼프 행정부는 보호무역주의를 표방하며 자국 이익을 극대화하는 조치를 취하고 있다.

포스코경영연구원이 발표한 '국내 철강수급 전망'에 따르면, 2018년 철강 산업은 국내 자동차, 조선 등 국내 철강수요와 관련한 수요 산업의 부진이 이어져 철강산업도 어려울 것으로 예상했다.

내수와 생산은 소폭 증가하고 수출은 지난해 수준을 기록할 것으로 전망하였다. 철강 내수는 자동차의 부진과 건설 경기 둔화로 5천669만 톤을 기록해 전년 대비 1% 증가에 그칠 것으로 내다봤으며, 수출은 지난해 수출을 견인했던 강관 수출 둔화로 3천168만 톤을 기록해 2018년 수준에서 정체될 것으로 예상하였다. 생산은 내수의 소폭 증가와 판재류 생산 증가 등으로 2017년 대비 1.5% 증가한 7천812만 톤을 기록할 것으로 전망했다.

여기에 미국 트럼프 정부의 반덤핑, 상계관세, 세이프가드 등을 통해 한국산 강관에 높은 관세를 부과하고 있는 가운데 추가적인 제재까지도 검토되고 있어, 전체 생산에서 수출 비중이 45%에 달하는 한국 철강산업은 해외 무역 규제에 따라 힘든 한 해가 될 것으로 예상되고 있다. 특히 미국 철강재 수출의 가장 큰 부분을 차지하고 있는 강관기업의 타격이 가장 클 전망이다.

배관용 및 구조용　　자동차용 및 기계구조용　　칼라각관

〈그림 5-11〉 하이스틸의 주요 생산제품　　　　　　　　　　자료: 하이스틸

　　이런 가운데 중소기업은 자본 및 인력 부족으로 인해 새로운 분야로의 진출이 어려운 것이 사실이다. 하지만 하이스틸은 2017년말 자회사인 (주)하이파워를 설립하고, 2018년부터는 당진공장 내에 위치한 자회사에서 열처리사업을 진행한다는 전략을 밝혔다.

　　하이스틸은 강관분야의 전문화를 통한 장기적인 경쟁력 강화의 일환으로 한일철강으로부터 분할되어 강관 전문회사로 새롭게 출발했다. 2009년 당진공장 준공으로 기존 ERW강관에서 SAW강관까지 생산하는 생산체제를 갖춤으로써 세경관, 소경관부터 원유, 가스수송이 가능한 60인치 대구경 후육강관까지 다양한 제품을 생산하게 되어 강관 전문회사로 발돋움했다.

하이스틸의 향후 전망 발목 잡는 중국 자동차부품 사업

하이스틸은 한일철강으로부터 인적 분할되어 나오면서 시작한 사업 중의 하나로 2003년 3월 중국 장쑤성 우시에 있는 장인에 강음한일강철유한공사(JIANGYIN HANIL STEEL)를 설립했다. 한일철강과 함께 40대 60 비율로 초기 자본금 1천200만 달러(약 130억 원)를 출자했다. 현지에서는 자동차용 부품으로 사용되는 세경관, 소경관 및 충격 완화용 소음기기 등을 생산해서 글로벌 완성차 업체와 현지 메이커에 공급하고 있다.

이후 외형 성장을 해서 100억 원대의 매출을 올리고 있다. 하지만 매년 적자를 보면서 하이스틸에 큰 부담으로 작용하고 있다. 중국정부가 생산과잉 억제 등 자동차산업의 구조조정을 추진한데다 중국산 저가 제품과의 가격 경쟁에서 밀리면서 수익성이 악화된 것이다.

게다가 은행에 지급보증을 선 금액이 70억 원에 달하면서 대신 갚아야 하는 상황이다. 2016년의 영업이익과 맞먹는 수준이다. 결국 하이스틸은 강음한일강철유한공사의 수익구조가 빠른 시일 내 정상화되기 어렵다고 판단하고 투자자금 71억 원 가운데 52%에 해당하는 34억 원을 '손상차손'으로 처리했다(손상차손은 투자지분의 장부가격보다 회수가능 금액이 현저히 낮다고 판단됐을 때 차액만큼 비용으로 처리하는 회계방식임).

이런 난관을 해결하기 위해 하이스틸은 다양한 해외시장을 개척해서 강음

한일강철유한공사의 경영정상화를 꾀할 방침이지만 쉽지 않은 상황이다.

급등락을 반복하며 가격변동폭이 커진 주가, 단기투자 주의해야

〈표 5-14〉 하이스틸 주요 재무제표

구분	2015년	2016년	2017년
매출액	1,329	1,489	2,117
영업이익	-72	71	110
순이익	-85	39	84

* 단위: 억 원, * 자료: 금융감독원 전자공시시스템(DART)

　　2015년에 하이스틸은 적자를 기록했다. 그랬던 것이 이듬해에는 흑자로 전환되었고 2017년 매출실적은 2천117억 원으로 전기 대비 42.1%가 증가하였으며 영업이익은 전기 대비 56.1%가 증가한 110억 원의 이익을 기록했다. 당기순이익도 전기 대비 크게 증가한 84억 원의 이익을 기록하여 전기 대비 모두 크게 증가되었다. 2017년도는 중국 철강재의 국내유입이 줄어들어 원자재 가격상승이 계속 유지되었으며, 수출시장의 확대로 매출이 전년 대비 크게 증가하였다. 이 기간에 부채비율은 80%로 다소 낮아지면서 안정적인 모습을 보였다.

〈표 5-15〉 하이스틸 수익·안정성 관련 재무제표

구분	2015년	2016년	2017년
영업이익률	-5.39	4.75	5.18
순이익률	-6.38	2.62	3.95
부채비율	86.08	92.91	80.24

* 단위: %.   * 자료: 금융감독원 전자공시시스템(DART)

하이스틸은 2017년의 실적 개선에도 불구하고 지지부진한 주가 흐름을 이어왔다. 그러던 것이 5월 들어서 급등과 급락을 반복하면서 가격변동폭이 커지고 있다. 실적이 반영된 것이 아니라 오로지 남북교류 기대감만으로 투자 열기가 오르내리며 투기자본에 의한 단기적인 치고 빠지기 매매가 성행하고 있는 것이다. 투자판단에 유의가 필요한 종목이다.

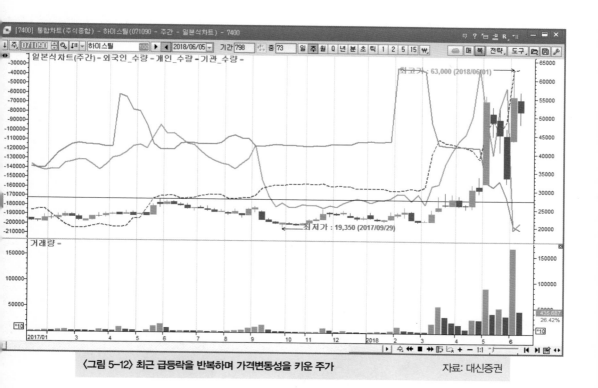

〈그림 5-12〉 최근 급등락을 반복하며 가격변동성을 키운 주가

자료: 대신증권

남북관계에 새로운 계기가 마련되었을 뿐만 아니라 북핵 문제 해결에도 전환점을 맞이하고 있다.

이런 분위기를 타고 이산가족상봉행사, 금강산 관광 재개 등의 준비가 진행되고 있다.

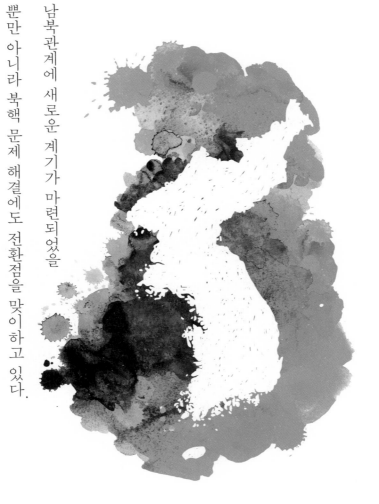

6부。 다시 열리는 북한으로의 여행,
금강산 관광 수혜 종목

2008년 7월 금강산 관광객 피격 사건 이후 금강산 관광이 전면 중단되었고 이후 2015년에는 북핵 문제로 개성공단이 폐쇄되면서 남북 관련 사업이 모두 중단된 상태이다. 그 결과 남북관광 등을 수행했던 기업들은 엄청난 적자를 보면서 기나긴 어둠의 터널을 지나는 시련을 겪었다.

개성공단 전면 중단 이후로 남북경협사업을 포함한 모든 남북교류가 단절되었고, UN 및 국제사회의 대북제재가 강화되었다. 하지만 2018년 2월 평창 올림픽을 계기로 남북 간 상호 특사가 교환되고, 4월 27일 남북정상회담에 이어 6월 12일에는 역사적인 북미정상회담이 개최되었다. 남북관계에 새로운 계기가 마련되었을 뿐만 아니라 북핵 문제 해결에도 전환점을 맞이하고 있다.

이런 분위기를 타고 이산가족상봉행사, 금강산 관광 재개 등의 준비가 진행되고 있다. 이에 관련 사업을 추진했던 기업들은 기나긴 악몽에서 깨어나 새로운 도약으로의 기대감이 팽배한 상황이다.

관련 종목들의 주가도 최근 급등세를 이어가면서 이런 기대감에 부응하고 있다.

01

현대엘리베이터

현대아산의 지분 70%보유,
자회사 덕에 같이 뛰는 주가

회사 개요

- 현대엘리베이터는 1984년 설립하여 엘리베이터, 에스컬레이터, 무빙워크 등의 운반기계류와 물류자동화설비, 승강장 스크린도어, 주차설비 등의 최첨단 설비 및 관련분야 제품의 생산, 설치, 유지보수사업 등을 영위하고 있음.
- 주요 제품으로 승강기, 호텔, 연수원 관련 임대서비스, 관광상품 등이 있으며 승강기의 매출 비중이 75%를 차지함.
- 에스컬레이터, 무빙워크 수요는 신규 할인점의 꾸준한 증가와 수도권광역 전철망 구축, 지방지하철(부산, 광주, 대구, 대전) 및 기존 서울지하철 환승구간 증·개축 등으로 향후 꾸준한 수요가 예상됨.
- 국내 최초로 휴대폰으로 엘리베이터를 호출할 수 있는 모바일 콜 엘리베이터 시스템을 개발하였으며, 향후 스마트폰 등과 결합한 다양한 형태의 IT서비스를 선보일 예정임.

현대엘리베이터는 1984년 5월에 설립되었으며 1996년 7월 유가증권시장에 상장되었다. 엘리베이터와 에스컬레이터, 무빙워크 등의 운반기계류와 물류 자동화설비, 승강장 스크린도어, 주차설비 등의 최첨단설비 및 관련분야 제품을 생산·설치하는 것을 주업으로 하고 있다. 또한 관련 제품의 유지보수사업 등을 하고 있다.

엘리베이터, 에스컬레이터, 무빙워크 등의 설치·보수 전문 업체

현대엘리베이터의 계열사 및 사업부문은 물품취급장비제조업, 설치 및 보수서비스업, 부동산 임대업 등으로 구성되어 있다. 현대엘리베이터가 최근 뜨겁게 달아오르는 것은 금강산 관광 사업을 주도했던 현대아산(비상장)을 계열사로 두고 있기 때문이다.

〈표 6-1〉현대엘리베이터 사업부문별 현황

사업부문	회사	사업내용
물품취급 장비제조업	현대엘리베이터(주), SHANGHAI HYUNDAI ELEVATOR MANUFAC TURING Co.,Ltd 등	승강기(엘리베이터, 에스컬레이터, 주차설비) 제품 생산 및 판매
설치 및 보수서비스업	현대엘리베이터(주), HYUNDAI ELEVADORES DO BRASIL LTDA, SHANGHAI HYUNDAI ELEVATOR MANUFACTURING Co.,Ltd, HYUNDAI ELEVATOR MALAYSIA SDN BHD 등	승강기 제품 설치 및 판매, 수리공사 및 정기보수 등
부동산임대업	현대엘리베이터(주)	토지, 건물 임대
관광숙박업	현대엘앤알(주) ((주)에이블현대호텔앤리조트), 현대종합연수원(주)	호텔, 연수원 운영, 부동산 관리 등
여행 및 건설업	현대아산(주)	관광, 건설 등
기타	(주)현대경제연구원 등	컨설팅, 교육 등

* 자료: 금융감독원 전자공시시스템(DART), 현대엘리베이터

　　현대엘리베이터는 엘리베이터, 에스컬레이터, 무빙워크 등을 생산, 판매, 설치 및 유지보수하는 운반기계산업을 영위하고 있다. 전방산업인 건설업이 경기변동에 민감하기 때문에 이 회사의 사업환경 역시 국내외 경기, 설비투자, 경제성장률 등과 밀접하게 연관되어 있다.

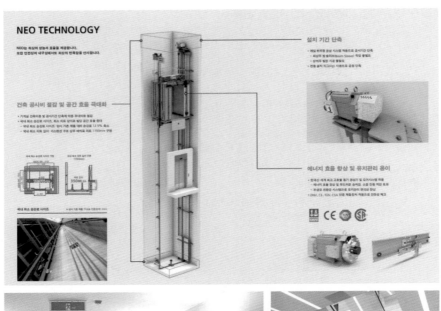

NEO TECHNOLOGY

〈그림 6-1〉 현대엘리베이터의 주요 생산제품

자료: 현대엘리베이터

운반기계산업은 주로 대형화물, 중량물, 사람 등을 운반하거나 하역하는 기계설비 등과 관련된 산업으로 기계, 전기, 전자, IT(Information Technology),

정보통신 등이 결합된 종합제조업이다. 승강기는 전기에너지를 이용하여 사람이나 화물 등을 상하로 이송하는 운반하역기계의 일종으로, 엘리베이터, 에스컬레이터, 무빙워크 등이 대표적이다. 기계제작과 사용목적, 설치장소에 따라 사양을 달리하는 제품 특성상 표준화에 한계가 있어 주문을 통한 생산 형태가 일반적인 것이 특징이다.

승강기는 창의적인 설계 및 제반 기술의 응용 등 고도의 기술이 요구되는 기술집약적 산업으로써 다양한 공정을 통해서 조립·생산되기 때문에 다른 산업과의 연계성이 높고, 승강기를 이용하는 승객들의 안전을 위하여 사후관리 차원의 설비보수와 유지관리가 무엇보다도 중요한 산업이다.

승강기 시장은 건설업현황 및 부동산경기에 따라 밀접한 영향을 받는다. 국내외 초고층빌딩의 건축계획이 본격화됨에 따라 고부가가치 기종인 초고속 승강기 수요가 큰 폭의 증가세를 나타낼 것으로 예상되고 있다. 승강기 설치 대수 증가, 건물 및 엘리베이터의 노후화에 따른 승강기의 교체 및 유지보수 시장수요 증가가 예상되며 건축물의 고층화·고급화 경향에 따른 승강기 제품의 고속화·고급화 추세로 기존의 양적 성장에서 질적 성장으로 전환될 것으로 예상되고 있다.

에스컬레이터, 무빙워크 수요는 신규 대형할인매장 수의 꾸준한 증가와 수도권광역 전철망구축, 지방지하철(부산, 광주, 대구, 대전) 및 기존 서울지하철 환승 구간 증·개축 등으로 향후 꾸준한 수요가 예상되고 있다.

지속적인 실적 개선과 중국시장 공략으로 글로벌시장 개척에 나서

현대엘리베이터는 중국과 인도네시아, 브라질 등 6개국에 해외법인을 두고 있다. 지난해 해외에서 2천822억 원의 매출을 올렸다. 전체 매출 1조9천937억 원의 약 16%에 해당하는 금액이다. 중국에는 1993년 진출해서 이듬해 중국 상하이에 연간 생산능력 7천대에 달하는 공장을 세웠다. 2018년 3월에는 기존 생산설비의 약 2배 규모인 새로운 공장건설에 착수하고 중국 내수시장 공략과 함께 해외시장 진출을 위한 생산거점으로 활용한다는 전략이다.

중국시장에서 수주실적도 잇따르고 있다. 5월엔 하얼빈 지하철 1호선 연장선 5개 역의 엘리베이터와 에스컬레이터 등 승강기 65대를 수주했다. 하얼빈시는 2018년 하반기부터 지하철 2, 3호선 역사에 들어가는 승강기를 발주할 계획이다. 이번 수주로 하얼빈시 지하철 승강기 최다 설치 업체가 되어 브랜드 인지도를 부각시키면서 향후 다른 지역의 수주전망을 밝게 했다. 현대엘리베이터는 세계 최대 승강기 시장인 중국을 발판으로 2030년까지 '글로벌 톱 7'에 진입한다는 목표를 세우고 사업확장에 박차를 가하고 있다.

〈표 6-2〉 현대엘리베이터 주요 재무제표

구분	2015년	2016년	2017년
매출액	14,487	17,588	19,937
영업이익	1,565	1,816	1,353
순이익	−50	1,169	790

* 단위: 억 원,   * 자료: 금융감독원 전자공시시스템(DART)

매출액은 최근 지속적인 상승세를 이어가고 있고 이에 따라 영업이익도 늘어나고 있는 추세이다. 순이익은 2015년 적자에서 이듬 해에 큰 폭의 흑자로 전환된 이후 다소 줄어든 모습이다. 부채비율은 170%전후에서 큰 변동 없는 상태이다.

〈표 6-3〉 현대엘리베이터 수익·안정성 관련 재무제표

구분	2015년	2016년	2017년
영업이익률	10.80	10.32	6.79
순이익률	−0.35	6.65	3.96
부채비율	176.20	166.42	173.88

* 단위: %, * 자료: 금융감독원 전자공시시스템(DART)

자회사인 현대아산 덕에 남북교류 수혜주가 되어 덩달아 주가 급등

2018년 초에 5만 원대에서 움직이던 주가는 이후 꾸준하게 고점을 높이면서 상승해서 5월 말 한때 13만6천 원대를 찍으면서 2.5배가 넘는 상승세를 보였다. 이 기간에 외국인과 기관의 순매수비중은 줄고 개인들의 순매수가 폭등하면서 주가를 견인하고 있다.

남북관계 개선으로 큰 수혜를 보게 되는 기업은 예전에 금강산 관광 사업을 추진했던 현대아산(비상장회사로써 한국거래소의 K-OTC시장에서 거래되고 있음)이다. 이 종목은 최근 주가가 급등하고 있고 현대엘리베이터는 현대아산의 지분 70%를 보유한 최대주주이다. 이에 현대엘리베이터의 주가도 덩달아 급등하고 있다.

장외시장에서 현대아산의 가치가 급등하면서 현대엘리베이터 역시 가치

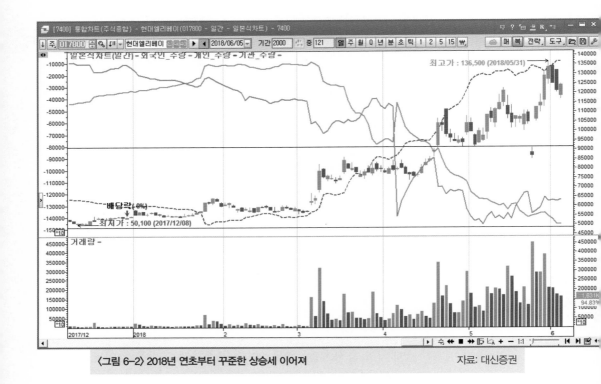

〈그림 6-2〉 2018년 연초부터 꾸준한 상승세 이어져   자료: 대신증권

상승에 대한 기대감이 주가에 반영되고 있다. 현대엘리베이터가 보유한 지분가치가 상승하면서 실적에 긍정적인 영향을 미칠 것이라는 전망 때문이다. 하지만 개인들이 몰려들면서 단기 급등한 주가는 부담으로 작용할 여지가 있다.

그럼에도 장기적으로는 희망적인 분석이 가능하다. 왜냐하면 현대엘리베이터가 현대그룹의 모회사 역할을 하고 있고 향후 남북관계 개선이 순차적으로 이뤄져서 다양한 분야에서 경제교류가 본격화되면 현대그룹의 대북사업

290

을 주도할 것이기 때문이다. 현대그룹은 현대아산의 금강산 관광, 개성공단 개발사업권을 포함해서 7개의 주요 SOC사업권을 독점적으로 보유하고 있다. 이런 요인 등과 함께 실질적인 수익성 확보로 주가상승에 추가적인 가치상승 요인을 제공할 것으로 예상되고 있다.

02

현대아산(비상장, K-OTC시장)
금강산 관광 등 북한 SOC 7대 독점 사업권 보유

회사 개요

- 1999년 남북경제협력사업에 근거하여 설립됨.
- 2000년 8월 북한의 조선아세아태평양평화위원회-민족경제협력연합회와 경제협력사업권에 관한 합의서를 체결하여 7대 SOC사업권을 확보함.
- 2002년 금강산-개성 특구법이 채택되면서 50년간 토지이용권을 확보했고 2003년부터 금강산 육로 시범관광을 실시함.
- 2008년 7월 금강산 관광객 피격사건 이후 금강산 관광이 전면 중단됨.
- 2015년 개성공단 폐쇄로 개성공단 사업도 중단됨.

자료: 금융감독원 전자공시시스템(DART)

현대아산은 남북경제협력사업에 근거하여 1999년 2월 5일에 설립되어 북한관련 사업을 수행했으며 현재 한국거래소의 K-OTC(Korea over-the-counter)시장에 상장되어 거래가 이루어지고 있는 비상장종목이다. K-OTC 시장은 금융투자협회가 운영하던 비상장주식 장외매매시장인 '프리보드'를 확대 개편한 장외주식시장으로 2014년 8월 25일 개장했다.

남북경제협력 사업 수행 경험 살려 건설과 면세점사업에 진출

현대아산의 중심사업인 남북경협사업은 한반도와 주변 국제정세의 전개 방향에 많은 영향을 받고 있다. 특히 금강산·개성관광을 비롯해 개성공단 사업의 재개는 남북관계 및 북핵문제 해결과 직접적으로 연관되어 있다.

자체 브랜드인 '현대면세점 (Hyundai Dutyfree)'을 출시하여 북측의 금강산면세점 운영 등을 통해 얻은 다양한 유통사업 경험과 축적된 노하우를 바탕으로 개성공업지구 내 북측면세점 운영 및 2011년~2014년 양양국제공항 면세점을 운영하였다. 2012년부터는 인천~위해, 인천~청도 간을 항해중인 위동훼리 선상면세점 운영을 시작으로 같은 해 단동훼리, 2016년 화동훼리, 2017년 연운항훼리 등을 추가로 운영하여 현재 총 5개 노선의 선상면세점을 운영하고 있다.

2001년에는 건설사업을 시작하여 국내 건설공사와 북측 금강산지구와 개성공단 개발사업을 수행했다. 2008년 이후 관광사업 중단 및 남북관계 경색으로 국내 건설사업에 본격적으로 진출하여 사업영역을 지속적으로 확대해 나가고 있다.

개성공단 1단계(100만평) 개발사업 경험을 바탕으로 '화성동탄택지개발사업', '충남도청 내포신도시 개발사업', '안성 제4일반산업단지 조성사업' 등 택지 및 단지조성 분야에서 시공능력을 인정받았으며, '한국관광공사 신사옥', '코레일유통 본사사옥' 등 업무시설과 '강남A-4BL아파트', '강원혁신B-2BL 아파트' 등 공공주택사업 공사를 진행한 바 있다. 자체 브랜드인 '빌앤더스 (Villndus)'를 런칭하여 충남 내포신도시 수익형 오피스텔인 '현대빌앤더스'를 건설분양하기도 했다.

현대아산은 남북관계의 변동성과 관계없이 국내 건설사업을 지속적으로 확대하여 사업기반을 공고히 하며 북측공사의 선두주자로서, 남북경협 사업이 본격화 될 것에 대비하여 신속하게 북측사업을 진행할 수 있도록 사전준비를 하고 있다.

〈그림 6-3〉 현대아산의 금강산 관광 자료   자료: 현대아산

북한의 7대 SOC사업권 보유했지만 사업중단으로 심각한 자본잠식 상태

현대아산은 2000년 8월 북한의 조선아세아태평양평화위원회-민족경제협력연합회와 경제협력사업권에 관한 합의서를 체결하여 7대 SOC사업권을 확보했다. 사업분야는 철도, 통신, 전력, 통천비행장, 금강산수자원, 주요 명승지 종합 관광사업(백두산, 묘향산, 칠보산) 등이다.

⟨표 6-4⟩ 현대아산의 북한 SOC개발 사업권 현황

구분	사업내용
전력사업	발전시설 건설, 기존 전력시설의 개선 및 증설
통신사업	유무선 통신사업, 데이터 및 인터넷망 설치 운영, 소프트웨어 연구개발 개성공업지구법 및 금강산 관광지구 개발규정에 따른 개발업자로서 통신에 대한 사업권을 가지고 있으며, 남측의 통신서비스 업체와 협력하여 개성공업지구와 금강산 관광지구에서 통신서비스를 제공
철도사업	경의선 연결 및 복선화, 경원선 및 금강산선 연결, 노후선로의 보수, TSR-TCR 연계 운영, 철도운영 사업
통천비행장	A-300급 3대 동시 계류 비행장 건설, 연간 약 30만 명 이용
임진강 댐	임진강 유역에 댐 건설
금강산 수자원 활용	금강산 댐의 수자원을 남측으로 공급
주요 명승지 종합관광	백두산, 묘향산, 칠보산, 개성 등 주요 명승지 개발 및 운영

* 자료: 현대아산

2002년에는 금강산-개성 특구법이 채택되면서 50년간 토지이용권을 확보했고 2003년부터 금강산 육로 시범관광을 실시했다. 그 결과 금강산 관광객 195만 명과 개성 관광객 11만 명을 유치했다. 또한 2천만 평의 개성공단 개발 사업권을 확보해서 1단계로 100만 평 부지조성과 공장건축, 숙박시설 운영

등 다양한 경협사업을 수행했다. 경의선 및 동해선 철도·도로 연결공사의 북측구간에 대한 자재와 장비를 공급하는 등 건설 인프라 분야에 참여하기도 했다.

〈표 6-5〉 현대아산 주요 재무제표

구분	2015년	2016년	2017년
매출액	638	910	1,268
영업이익	-22	-72	-68
순이익	-215	-239	-37
부채	-1,838	-1,813	-1,727

* 단위: 억 원.   * 자료: 금융감독원 전자공시시스템(DART)

하지만 2008년 7월 금강산 관광객 피격사건 이후 금강산 관광이 전면 중단되었고 이후 2015년에는 북핵 문제로 개성공단이 폐쇄되면서 관련 사업이 모두 중단된 상태이다. 그 결과 현대아산의 실적은 구렁텅이에 빠지고 말았다. 2008년 54억 원의 영업손실을 기록한 후 2017년까지 매해 적자상태에서 벗어나지 못하고 있다. 누적된 관련 사업의 영업손실 규모만 1천억 원이 넘는 것으로 추정되고 있다. 당시 2천억 원이 넘었던 매출액도 겨우 절반에 그치고 있다.

적자가 누적되다 보니 회사 전체적으로 재무건전성이 크게 악화되어 2018년 1분기 말에는 부채비율이 800%가 넘고 있다. 현재 부분자본잠식 상태로 K-OTC시장에서 투자유의 종목으로 지정되었다.

남북경협사업의 핵심 인프라 보유기업, 장기적인 수혜폭 상당할 것으로 전망

남북, 북미 간 정상회담을 바탕으로 한반도 주변국들 간 발전적인 대화가 이루어져서 경제교류가 급물살을 타게 되면 현대아산의 사업 환경은 극적으로 반전될 것으로 예상된다. 이에 이산가족상봉행사, 금강산 관광, 개성공단 재개 등에 대비해서 만반의 준비를 하고 있다. 현대그룹은 남북경협사업의 인프라를 가장 많이 보유한 기업이다. 현대그룹은 남북경협 재개에 대비해서 현정은 회장을 위원장으로 하는 '현대그룹 남북경협사업 TFT'를 가동하는 등 물밑 작업에 박차를 가하고 있다. 그룹차원에서 현대아산에 대한 지원도 이루어질 전망이다.

특히 현대아산의 경우 단순한 금강산 관광 사업만이 아니라 건설사업도 영위하고 있어 향후 북한 내 철도, 도로 등 인프라 사업에도 나설 수 있을 것으로 예상된다. 실제로 현대아산 건설사업부문은 과거 해금강호텔 리모델링, 금강산호텔 리모델링, 외금강호텔 리모델링 공사 등의 실적이 있다.

크루즈 사업은 1998년 금강산 관광에 금강호, 봉래호, 풍악호 등 크루즈 전용선을 국내 최초로 투입해서 2004년까지 운영했고 최근에는 일본 도쿄 노선에 5만7천 톤급 크루즈선을 운영한 경험이 있다. 이처럼 현대아산은 남북경협이 재개될 경우 다양한 사업 분야에서 탄력을 받아 상당한 수혜를 입을 것으로 전망되고 있다.

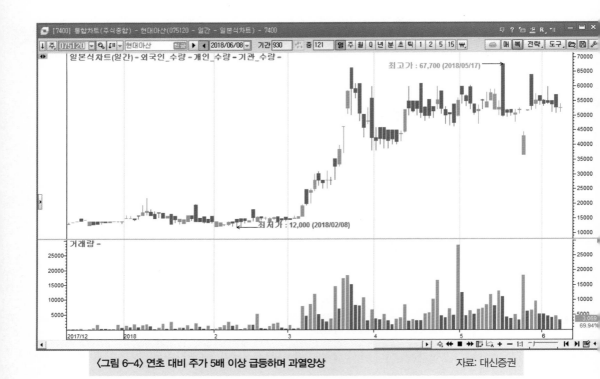

<그림 6-4> 연초 대비 주가 5배 이상 급등하며 과열양상   자료: 대신증권

이런 기대감이 반영되어. 현대아산의 주가는 폭등 중이다. 2018년 초에 1만
2천 원의 저점을 찍었던 주가는 5월 말에는 장중 한때 6만7천 원대를 찍으면
서 5배가 넘게 급등하는 등 과열양상을 보이고 있다. 따라서 현대아산의 미래
가 아무리 장밋빛이라 해도 단기과열과 자본잠식 상태, 거래는 할 수 있지만
비상장종목이라는 핸디캡을 염두에 두고 투자판단에 나서야 한다.

03 현대상선

북방항로에 대한 기대감, 현대그룹과 관련 없는 기업

**회사
개요**

- 해상화물운송사업 및 해상화물운송 주선업 등을 목적으로 설립됨. 현재는 컨테이너 운송, 벌크화물 운송, 터미널 관광용역 등의 사업을 하고 있음.
- 사업부문은 컨테이너부문, 벌크부문, 기타부문으로 구성됨.
- 컨테이너선 부문은 성수기 효과 및 투입 선복량 감축 등으로 제한적인 회복세를 나타냄. 하지만 운임 반등은 기대에 미치지 못하여 글로벌 선사들은 실적 부진을 겪고 있음.
- 국내 중견선사들과 '미니 얼라이언스'를 구축해서 4개 항로를 신설 운영하여 원양항로 환적 물량 유치를 위한 영업력을 강화하고 있음.
- 매출구성은 컨테이너부문 86.59%, 벌크부문 10.82%, 기타부문 2.59% 등으로 이루어짐.

자료: 금융감독원 전자공시시스템(DART), 와이즈에프엔

현대상선은 1976년 3월에 아세아상선으로 설립되었으며 1983년 현대상선
으로 회사명이 바뀌었고 1995년 10월에 유가증권시장에 상장되었다. 컨테이
너 운송, 벌크화물 운송, 터미널 관광용역 등의 사업을 하고 있다.

현대그룹의 손을 떠난 현대상선, 현재의 주인은 최대주주인 산업은행

⟨그림 6-5⟩ 현대상선의 선박 및 터미널 시설　　　　　　　자료: 현대상선

현대상선은 회사명에 '현대'라는 이름을 그대로 사용하고 있기에 일반인들
에게는 아직도 현대그룹 회사로 인식되지만 이제는 현대그룹과는 상관 없는

회사이다. 2016년 유동성 위기가 닥쳐 현대그룹은 경영권을 상실하고 산업은 행이 최대주주가 되면서 현대그룹에서 분리되었다.

해운업은 특별한 경우를 제외하고는 전 세계 선사 간의 완전경쟁이 이루어 지는 산업으로 경쟁이 매우 치열하고 고객의 서비스 요구수준도 매우 빠르게 변화하고 있다. 특히, 최근과 같이 공급 과잉에 따라 선사 간의 경쟁이 심화 된 상황에서는 비용경쟁력 확보가 우선시 되고 있으며, 서비스의 차별화 및 다양화를 통한 수익성 확대가 중요한 관건이 되고 있다.

현대상선은 60개 이상의 서비스항로로 100개 이상의 항구를 연결하고 있 다. 최근에는 남미·호주·러시아 등 신흥시장 공략, 냉동 컨테이너 내륙 운송, 미주 지역 내 고객서비스센터(RCSC) 설립 등을 통해 서비스영역을 확대하고 있다. Maersk와 MSC로 구성된 2M과의 전략적 협력관계를 체결하고 2017년 4월부터 본격적으로 공동운항 서비스를 개시했다. 이를 통해 경쟁력 있는 네 트워크 구축, 선복량 확대를 통하여 태평양노선 시장에서의 서비스를 강화해 나가고 있다.

〈표 6-6〉 컨테이너부문 시장점유율

선사	동아시아 → 미주서안			미주서안 → 동아시아		
	2015년	2016년	2017년	2015년	2016년	2017년
현대상선	4.9	5.2	6.9	6.3	6.2	8.7
에버그린	12.0	12.1	11.2	12.0	12.4	11.8
머스크	6.9	7.2	7.4	6.0	6.9	8.5
COSCO	12.1	10.9	11.1	7.7	6.7	7.9
APL	6.3	6.8	7.7	8.1	7.2	6.9

* 단위: %   * 자료: 금융감독원 전자공시시스템(DART), 현대상선

또한 국내 중견선사들과의 제휴를 통해 한국~베트남, 한국~일본 등 아시아 역내 지선망을 추가 확보함으로써 초대형 글로벌 선사에 대응하는 경쟁력을 갖추어 나가고 있다.

초대형 컨테이너선 발주를 통해 정부정책에 부응한 발 빠른 대응 나서

현대상선이 친환경 초대형 컨테이너선 20척을 건조할 조선사를 선정하면서 해운업 재건을 위한 움직임이 발 빠르게 진행되고 있다. 현대상선은 정부의 '해운재건 5개년 계획'에 따라 국내 조선소에 초대형 컨테이너선 20척을 발주하기로 하고 2018년 4월 10일 각 조선사에 제안요청서(RFP)를 요청했다. 이에 현대중공업, 삼성중공업, 대우조선해양, 한진중공업 등이 입찰제안서를 제출했다.

현대상선은 각 조선사들이 제안한 납기와 선가를 종합적으로 고려해 협상을 실시했고, 현대상선 자체 평가위원회와 투자심의위원회의 심의를 거쳐 20척의 친환경 초대형 컨테이너선을 현대중공업, 삼성중공업, 대우조선해양에 나눠 발주하기로 하고 각 조선사에 이를 통보했다.

당초 일각에서는 현대상선과 최대주주(산업은행)가 같은 대우조선해양에 일감을 몰아줄 것이라는 우려가 제기되기도 했다. 2017년 9월 현대상선이 발주한 4천700억 원 규모의 초대형유조선(VLCC) 5척을 모두 대우조선해양이 수주한 것도 이 같은 의혹을 증폭시키는 계기가 되기도 했다. 하지만 규모도 규모인데다 정부주도 정책에 기반한 프로젝트를 민간회사도 아닌 공기업인 산업은행이 지분관계(최대주주) 때문에 특정회사 밀어주기를 할 경우 부정적

인 파장이 커질 것으로 예상되었다. 결국 이런 우려감이 크게 작용해서 3개
회사에 골고루 배정한 것으로 알려지고 있다.

유동성 위기 극복하며 장밋빛 미래도 보이지만, 단기실적은 아직도 어려운 상황

유동성 위기를 겪으면서 주인이 바뀌는 상황 속에 현대상선의 실적은 곤두
박질쳤다.

〈표 6-7〉 현대상선 주요 재무제표

구분	2015년	2016년	2017년
매출액	56,451	45,848	50,280
영업이익	−2,535	−8,334	−4,068
순이익	−6270	−4842	−12,182

* 단위: 억 원. * 자료: 금융감독원 전자공시시스템(DART)

매출액 감소와 함께 큰 폭의 적자가 누적되고 있으며 영업이익률은 두 자
리 숫자를 넘나드는 마이너스를 기록하고 있다. 순이익률은 −10%대에서
−24%까지 급감하면서 상당히 악화된 상황이다. 부채비율은 산업은행으로 대
주주가 변동되면서 출자 등으로 인한 장부상의 개선일 뿐이지 실적에 의한
개선으로 보기는 어렵다. 유동성 위기를 겪은 여파가 최근까지 이어지고 있
는 것이다.

구분	2015년	2016년	2017년
영업이익률	-4.49	-18.18	-8.09
순이익률	-11.11	-10.56	-24.23
부채비율	2,006.54	349.33	301.64

* 단위: %, * 자료: 금융감독원 전자공시시스템(DART)

현대엘리베이터·현대아산과는 다른 집안, 다른 갈 길, 현대와 혼동하는 일 없어야

북미정상회담에서 한반도 비핵화를 전제로 유엔의 대북제재가 풀리게 될 경우 남한은 물론 북한, 중국, 러시아, 일본 사이의 물동량이 폭발적으로 증가할 것으로 예상되고 있다. 이에 정부는 2018년 6월 12일 역사적인 북미정상회담의 결과를 지켜본 후에 북극항로 개발, 한·중·일·러 크루즈 관광, 인천~남포 간 컨테이너선 및 부산~나진 간 항로 등이 포함된 '신(新)북방정책' 로드맵을 본격적으로 추진한다는 계획인 것으로 알려졌다.

그렇게 되면 과거 대북사업을 했었던 이력으로 남북경협 수혜주로 분류되고 있는 현대상선도 큰 수혜를 볼 것으로 전망되고 있다. 이런 기대감이 반영되어 2018년 초반 4~5천 원대의 박스권을 맴돌던 현대상선의 주가는 4월 들어서 거래량 급등과 함께 등락을 반복하면서 고점을 높이고 있다.

그런데 주의할 것은 앞에서도 언급했지만 현대상선은 이제 현대그룹과는 아무 상관 없는 회사이다. 현대엘리베이터는 현대아산의 지분 70%를 가지고 있기에 자회사 덕에 가치가 동반상승하고 있다. 하지만 현대상선은 이름만 '현대'이지 현대그룹과는 아무런 상관이 없고 최대주주는 산업은행이다. 현대엘리베이터나 현대아산 등 다른 현대계열사의 가치상승과 연관지어서는 곤란하다. 현대상선에 대한 투자판단을 할 때는 이 점을 헷갈리면 안 된다.

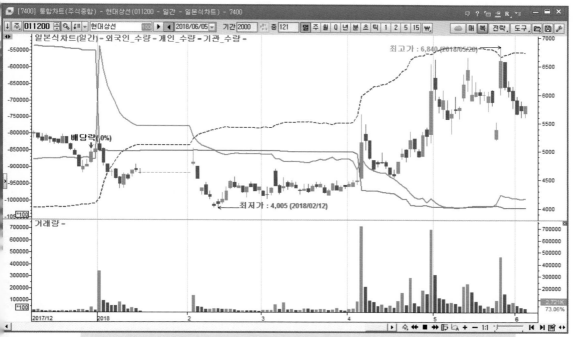

〈그림 6-6〉 거래량 증감과 동시에 급등·급락을 반복하는 주가   자료: 대신증권

아난티(에머슨퍼시픽)
준비된 기업, 북한 내에 리조트 시설 보유

회사 개요

- 아난티는 1987년 1월 16일에 피혁 및 관련제품의 제조·판매를 목적으로 설립되었고 2004년 1월 29일 최대주주가 변경된 후 사업목적과 업종이 골프장 레저사업으로 변경되어 현재까지 이르고 있음.
- 레저시설 개발 및 건설, 운영 등의 사업을 영위하고 있으며, 2개의 종합 골프 리조트와 3개의 회원제 골프장 및 최고급 리조트인 아난티 펜트하우스 서울, 해운대로 구성되어 있는 레저 전문그룹임.
- 오랜 기간 그룹 내 축적해온 경험 및 전문성을 바탕으로 레저시설의 개발 및 건설, 운영, 분양 등 관련 전 부문을 직접 모두 수행 가능한 전문성 및 경쟁우위 요소를 갖추고 있음.
- 종속회사인 에머슨부산(주)은 부산시 동부관광단지 내 랜드마크 호텔 개발을 위해 2014년 1월 사업계획 승인을 완료하였으며, 현재 호텔 및 리조트를 운영 중임.

아난티는 1987년 1월에 피혁 및 관련제품의 제조·판매를 목적으로 설립되었고 1995년 8월 코스닥시장에 상장되었다. 2004년 1월 최대주주가 변경된 이후 회사의 사업목적과 업종이 골프장 레저사업으로 변경되어 현재까지 이르고 있으며 2018년 3월 에머슨퍼시픽이라는 회사명을 지금의 아난티(Ananti)로 변경하였다.

금강산에 종합 리조트 시설(골프장, 온천, 콘도미니엄)을 보유

아난티는 부산시 기장군에 아난티 코브(주요 시설물: 콘도미니엄 218실, 호텔 310실), 경기도 가평군에 아난티 펜트하우스 서울(주요 시설물: 콘도미니엄 76실), 경상남도 남해군에 힐튼 남해 골프&스파 리조트(주요 시설물: 18홀 골프장, 콘도미니엄 170실 등)를 보유·운영하고 있다. 금강산 관광지구 내에 금강산 아난티 골프&온천 리조트(주요 시설물: 18홀 골프장, 콘도미니엄 96실 등)를 보유 중이다.

이 회사는 2006년에 경남 남해 지역에 골프장 및 콘도미니엄 등의 종합 리조트 시설을 갖춘 힐튼 남해 골프&스파 리조트를 완공하였고 2008년 5월에는 금강산 관광단지에 금강산 아난티 골프&온천 리조트를 건설했다. 2015년에는 가평에 아난티 펜트하우스 서울 리조트를 완공하였다.

2012년 11월에는 호텔사업 진출을 위해 에머슨부산을 설립하였고 부산시 오시리아관광단지 내 랜드마크 리조트 및 호텔인 아난티 코브를 2017년부터 오픈해서 운영하고 있다.

이 회사가 금강산 관광 수혜주로 묶여서 기대감을 모으는 점은 바로 금강산 관광지구 내에 종합리조트를 보유했기 때문이다. 남북관계 개선으로 금강산 관광이 재개되면 이 점이 부각되어 주가가 상승할 것이라는 기대감이 반영되고 있는 것이다.

〈표 6-9〉 아난티의 주요 설비 현황

구분	소재지	토지	코스	건물	합계	종업원수
힐튼 남해	경남 남해 남면	29,914	51,734	44,360	126,008	138
금강산 아난티	강원 고성 온정		20,268	37,700	57,968	-
아난티 펜트하우스 서울	경기 가평 설악	23,478	-	48,257	71,735	90
아난티클럽 청담	서울 강남구	-	-	-	-	3
아난티 강남	서울 강남구	56,258	-	-	56,258	-
아난티 코브	부산 기장	62,070	-	225,873	287,943	451
합 계		171,720	72,002	356,190	599,912	682

* 단위: 백만 원, 명   * 자료: 금융감독원 전자공시시스템(DART), 아난티

금강산 관광 특수효과는 불과 몇 달, 이후 기나긴 손실 이어져

아난티는 2005년 12월 정부로부터 금강산 골프&온천 리조트 승인을 받아서 2008년 5월 총 투자비 850억 원을 들여서 아난티 금강산 골프&온천 리조트를 완공하고 회원권 판매를 시작했다. 하지만 본격적인 사업을 개시한 지 채 몇 달도 안 되어 2008년 7월 금강산 관광객 피격사건으로 모든 사업이 중

단된 상태이다.

금강산 관광지구 내에 보유 중인 금강산 아난티 골프&온천 리조트 자산은 '남북 사이의 투자보장에 대한 합의서'에 의해 재산권이 보장되어 있지만 2010년 4월에 북한 측이 자산동결조치를 취했다. 이로 인해 회원권 분양수익 626억 원은 장기선수금으로 계상됐으며 매년 운휴자산(사업에 사용하지 않는 자산)에 대한 감가상각비만해도 연간 12억 원씩 발생하고 있다.

〈표 6-10〉 아난티 주요 재무제표

구분	2015년	2016년	2017년
매출액	1,252	1,349	1,505
영업이익	501	357	125
순이익	371	274	26

* 단위: 억 원, * 자료: 금융감독원 전자공시시스템(DART)

아난티의 최근 실적은 금강산 관광 중단에 따른 여파를 극복하고 매출액이 상승세를 보이고 있으며 수익성도 좋은 편이다. 다만 2017년에 영업이익과 순이익이 급감한 부분이 다소 부담스럽지만 부채율은 크게 치솟지 않고 전년 수준을 유지하고 있다.

〈표 6-11〉 아난티 수익·안정성 관련 재무제표

구분	2015년	2016년	2017년
영업이익률	39.98	26.48	8.32
순이익률	29.61	20.28	1.74
부채비율	95.61	115.87	120.88

* 단위: %, * 자료: 금융감독원 전자공시시스템(DART)

〈그림 6-7〉 아난티의 주요 시설   자료: 아난티

북한 내에 모든 시설 갖춘 준비된 기업이라는 장점 가져

2017년 11월 통일부는 금강산 관광 중단으로 피해를 입은 기업의 투자자산과 유동자산에 대해 각각 35억 원과 70억 원까지 지원받을 수 있다는 대책을 발표했다. 이 회사는 남북경협 기업피해 지원대상으로 선정되어 최대 약 100억 원의 손실보전이 가능할 전망이다. 만일 남북관계 개선으로 금강산 관광이 재개된다면 시설 재가동에 필요한 복구비용이 들어갈 것으로 예상되고 있지만 정부로부터 피해보상금을 받으면 상당한 도움이 될 것으로 예상되고 있다.

또한 금강산 아난티 리조트 내 개발이 가능한 부지도 보유하고 있기에 향후에 추가적인 개발사업도 가능한 것으로 알려져 있다. 그럴 경우 최대매출을 올리는 아난티 서울을 훌쩍 뛰어 넘는 운영매출이 기대되고 있다.

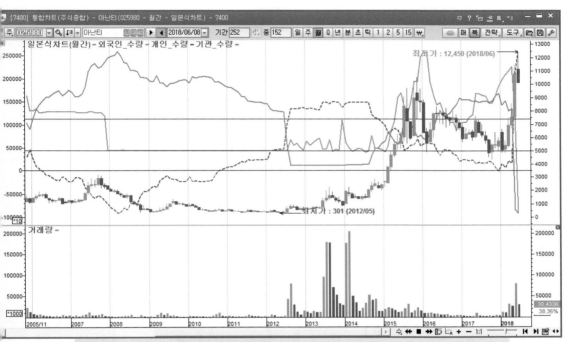

〈그림 6-8〉남북관계 개선조짐에 따라 출렁이는 주가
2008년 금강산 관광 중단 이후 하락해서 바닥권을 맴돌던 주가는 남북관계 개선 조짐이 있을 때마다
출렁이고 있음.
자료: 대신증권

금강산 사업에 대한 기대감이 앞서 반영되어 2007년 하반기에 이미 3천 원
대의 정점을 찍었던 주가는 하락세로 전환되어 흘러내리다 2008년 7월 금강
산 관광 중단 이후 급락해서 바닥권을 맴돌고 있다. 이후 남북관계 개선 조짐
이 있을 때마다 주가가 출렁이면서 2015년 말 한때 9천 원대까지 급등했다가
5천 원대까지 하락하면서 높은 변동성을 보이고 있다. 2018년 들어서 4천 원

대의 바닥을 찍은 주가는 향후 금강산 관광 재개에 대한 기대감으로 슬금슬
금 고점을 높여서 6월 초에는 장중 한때 1만2천 원대를 넘기기도 했다.

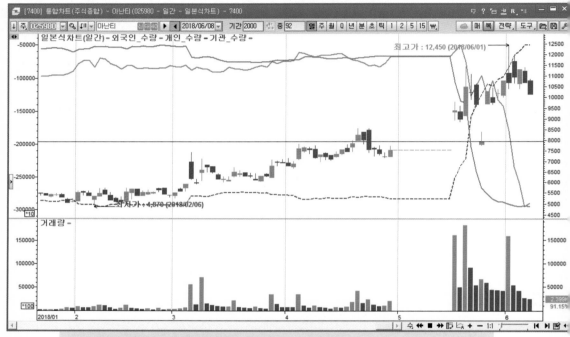

〈그림 6-9〉 2018년 들어서 2배 넘게 상승하는 주가   자료: 대신증권

이처럼 아난티의 주가가 출렁이는 것은 금강산 운영권이 50년이기 때문에
향후 사업재추진 시에는 장기적으로 안정적인 수익이 기대되기 때문이다. 다
른 테마주 종목들과 달리 이 종목은 사업실체가 명확하게 존재한다는 점이
큰 장점이다. 그것도 북한 내에 이미 모든 시설이 갖춰져 있다는 점도 부각되
는 점이다.

부동산/재테크/창업

탐나는 부동산
어디 없나요?

장인석 지음 | 16,000원
312쪽 | 152×224mm

이 책은 현재의 내 자금 규모로, 어떤 위치의 부동산을 언제 살 것인가에 대한 탁월한 분석을 펼쳐보여 준다. 월세탈출, 전세 탈출, 무주택자탈출을 꿈꾸는, 건물주가 되고 싶고, 꼬박꼬박 월세 받으며 여유로운 노후를 보내고 싶은 사람들을 위한 확실한 부동산 투자 지침서가 되기에 충분하다. 이 책은 실질금리 마이너스 시대에 부동산 실수요자, 투자자 모두에게 현실적인 투자 원칙을 수립하는 데 유용할 뿐 아니라 실제 구매와 투자에 있어서도 참고할 정보가 많다.

나의 꿈,
꼬마빌딩 건물주 되기

나창근 지음 | 15,000원
302쪽 | 152×224mm

'조물주 위에 건물주'라는 유행어가 있듯이 건물주는 누구나 한 번은 품어보는 달콤한 꿈이다. 자금이 없으면 건물주는 영원한 꿈일까? 저자는 현재와 미래의 부동산 흐름을 읽을 줄 아는 안목과 자기 자금력에 맞춤한 전략, 꼬마빌딩을 관리할 줄 아는 노하우만 있으면 부족한 자금을 충분히 상쇄할 수 있다고 주장한다. 또한 액수별 투자전략과 빌딩 관리 노하우 그리고 건물주가 알아야 할 부동산지식을 알기 쉽게 설명한다.

월급쟁이들은 경매가 답이다
1,000만 원으로 시작해서 연금처럼 월급받는 투자 노하우

박갑현 지음 | 14,500원
264쪽 | 152×224mm

경매에 처음 도전하는 직장인의 눈높이에서 부동산 경매의 모든 것을 알기 쉽게 풀어낸다. 일상생활에서 부동산에 대한 감각을 기를 수 있는 방법에서부터 경매용어와 절차를 이해하기 쉽게 설명하며 각 과정에서 꼭 알아야 할 중요사항들을 살펴본다. 경매 종목 또한 주택, 업무용 부동산, 상가로 분류하여 각 종목별 장단점, '주택임대차보호법' 등 경매와 관련되어 파악하고 있어야 할 사항들도 꼼꼼하게 짚어준다.

나창근 지음 | 15,000원
296쪽 | 152×224mm

꼬박꼬박 월세 나오는
수익형부동산 50가지 투자비법

현재 (주)리치디엔씨 이사, (주)머니부동산연구소 대표이사로 재직하면서 [부동산TV], [MBN], [한국경제TV], [KBS] 등 방송에서 알기 쉬운 눈높이 설명으로 호평을 받은 저자는 부동산 트렌드의 변화와 흐름을 짚어주며 수익형 부동산의 종류별 특성과 투자노하우를 소개한다. 여유자금이 부족한 투자자도 전략적으로 투자할 수 있는 혜안을 얻을 수 있을 것이다.

김태희 지음 | 18,500원
412쪽 | 152×224mm

불확실성 시대에 자산을 지키는
부동산 투자학

부동산에 영향을 주는 핵심요인인 부동산 정책의 방향성, 실물경제의 움직임과 갈수록 영향력이 커지고 있는 금리의 동향에 대해 경제원론과의 접목을 시도했다. 따라서 독자들은 이 책을 읽으면서 부동산 투자에 대한 원론적인, 즉 어떤 경제여건과 부동산을 둘러싼 환경이 바뀌더라도 변치 않는 가치를 발견하게 될 것이다.

이재익 지음 | 15,000원
319쪽 | 170×224mm

바닥을 치고 오르는
부동산 투자의 비밀

이 책은 부동산 규제 완화와 함께 뉴타운사업, 균형발전촉진지구사업, 신도시 등 새롭게 재편되는 부동산시장의 모습을 하나하나 설명하고 있다. 명쾌한 논리와 예리한 진단을 통해 앞으로의 부동산시장을 전망하고 있으며 다양한 실례를 제시함으로써 이해를 높이고 있다. 이 책은 부동산 전반에 걸친 흐름에 대한 안목과 테마별 투자의 실전 노하우를 접할 수 있게 한다.

김태희, 동은주 지음
17,000원
368쪽 | 153×224mm

그래도 땅이다
불황을 꿰뚫는 답, 땅에서 찾아라

올바른 부동산투자법, 개발호재지역 투자 요령, 땅의 시세를 정확히 파악하는 법, 개발계획을 보고 읽는 방법, 국토계획 흐름을 잡고 관련 법규를 따라잡는 법, 꼭 알고 있어야 할 20가지 땅 투자 실무지식 등을 담은 책이다. 이 책의 안내를 따라 합리적인 투자를 한다면 어느새 당신도 부동산 고수로 거듭날 수 있을 것이다.

춤추는 땅투자의
맥을 짚어라

이 책은 땅투자에 대한 모든 것을 담고 있다. 땅투자를 하기 전 기초를 다지는 것부터 실질적인 땅투자 노하우와 매수·매도할 타이밍에 대한 방법까지 고수가 아니라면 제안할 수 없는 정보들을 알차게 담아두었다. 준비된 확실한 정보가 있는데 땅투자에 적극적으로 덤비지 않을 수가 없다. 이 책에서 실질적 노하우를 얻었다면 이제 뛰어들기만 하면 될 것이다.

최종인 지음 | 14,500원
368쪽 | 153×224mm

주식/금융투자

북오션의 주식/금융 투자부문의 도서에서 독자들은 주식투자 입문부터 실전 전문투자, 암호화폐 등 최신의 투자흐름까지 폭넓게 선택할 수 있습니다.

고양이도 쉽게 할 수 있는
가상화폐 실전매매 차트기술

이 책은 저자의 전작인 《암호화폐 실전투자 바이블》을 더욱 심화시킨, 중급 이상의 투자자들을 위한 본격적인 차트분석서이다. 가상화폐의 차트의 특성을 면밀히 분석하고 독창적으로 체계화해서 투자자에게 높은 수익률을 제공했던 이론들이 고스란히 수록되어 있다. 이 책으로 가상화폐 투자자들은 '코인판에 맞는' 진정한 차트분석의 실제를 만나 볼 수 있다.

박대호 지음 | 20,000원
200쪽 | 170×224mm

암호화폐 실전투자 바이블
개념부터 챠트분석까지

고수익을 올리기 위한 정보취합 및 분석, 차트분석과 거래전략을 체계적으로 설명해준다. 투자자 사이에서 족집게 과외·강연으로 유명한 저자의 독창적인 차트분석과 다양한 실전사례가 성공투자의 길을 안내한다. 단타투자자는 물론 중·장기투자자에게도 나침반과 같은 책이다. 실전투자 기법에 목말라 하던 독자들에게 유용할 것이다.

박대호 지음 | 20,000원
200쪽 | 170×224mm

최기운 지음 | 18,000원
424쪽 | 172×245mm

10만원으로 시작하는
주식투자

4차산업혁명 시대를 선도하는 기업의 주식은 어떤 것들이 있을까? 이제 이 책을 통해 초보투자자들은 기본적이고 다양한 기술적 분석을 익히고 그것을 바탕으로 향후 성장 유망한 기업에 투자할 수 있는 밝은 눈을 가진 성공한 가치투자자가 될 수 있다. 조금 더 지름길로 가고 싶다면 저자가 친절하게 가이드 해준 몇몇 기업을 눈여겨보아도 좋다.

최기운 지음 | 15,000원
272쪽 | 172×245mm

케.바.케로 배우는 주식
실전투자노하우

이 책은 전편 『10만원 들고 시작하는 주식투자』의 실전편으로 주식투자 때 알아야 할 일목균형표, 주가차트와 같은 그래프 분석, 가치투자를 위해 기업을 방문할 때 다리품을 파는 게 정상이라고 조언하는 흔히 '실전'이란 이름을 붙인 주식투자서와는 다르다. 주식투자자들이 가장 알고 싶어 하는 사례 67가지를 제시하여 실전투자를 가능하게 해주는 최적의 분석서이다.

곽호열 지음 | 19,000원
244쪽 | 188×254mm

초보자를 실전 고수로 만드는
주가차트 완전정복

이 책은 주식 전문 블로그 〈달공이의 주식투자 노하우〉의 운영자 곽호열이 예리한 분석력과 세심한 코치로 입문하는 사람은 물론 중급자들이 놓치기 쉬운 기술적 분석을 다양하게 선보인다. 상승이 예상되는 관심 종목 분석과 차트를 통한 매수·매도 타이밍 포착, 수익과 손실에 따른 리스크 관리 및 대응방법 등 주식시장에서 이기는 노하우와 차트기술에 대해 안내한다.

정광옥 지음 | 17,000원
312쪽 | 171×225mm

600원으로 시작하는 주식투자 첫걸음
신문에서 배우는 왕초보 주식투자

신문 기사 분석을 통해 초보 투자자들이 흔히 범하기 쉬운 실수를 소개하고, 실패를 최소화하는 방법을 알려준다. 저자는 성급하게 뛰어들기보다는 장기적으로 가치 투자와 분산투자를 기본으로 생각하라고 일러준다. 또한 기업 분석법, 매매 기법 등을 설명하면서 각 사례에 해당되는 신문 기사를 보여준다. 다만 투자자의 눈으로 읽으라는 충고를 잊지 않는다.